# Der Fall Lindenstraße

Florian Kann

# Der Fall Lindenstraße

Juristisches Gutachten über die
Machenschaften der Familien Beimer,
Kling, Sperling, von der Marwitz
und anderen

Eichborn.

Die Deutsche Bibliothek – CIP-Einheitsaufnahme

**Kann, Florian:**
Der Fall Lindenstraße : Juristisches Gutachten über die
Machenschaften der Familien Beimer, Kling, Sperling, von der Marwitz und
anderen / Florian Kann. – Frankfurt am Main : Eichborn, 1997
  ISBN 3-8218-3456-0


© Vito von Eichborn GmbH & Co. Verlag KG, Frankfurt am Main, Februar 1997
Umschlaggestaltung: Christina Hucke
© Fotos: WDR Köln
Die Lindenstraße ist eine Coproduktion der GFF und des WDR
im Auftrag der ARD in Zusammenarbeit mit dem ORF
Lektorat: Palma Müller-Scherf
Gesamtherstellung: Fuldaer Verlagsanstalt GmbH, Fulda
ISBN 3-8218-3456-0

Verlagsverzeichnis schickt gern:
Eichborn Verlag, Kaiserstraße 66, D-60329 Frankfurt am Main
http://www.eichborn.de

*Für Julia*

»Sehr geehrte Frau Griese, ich habe Ihren verschollenen Ehemann Gottlieb heute abend auf dem ›Traumschiff‹ (ZDF, 20.15 Uhr) gesehen. Da Sie ihn seit Jahren suchen, werden Sie über diese Nachricht sicherlich erfreut sein.«

*(Ein unbekannter Zuschauer der Fernsehserie »Lindenstraße«)*

# Inhalt

# Abkürzungsverzeichnis

| | |
|---|---|
| a.F. | alte Fassung |
| AO | Abgabenordnung vom 16. März 1976 |
| Alt. | Alternative |
| AsylVfG | Asylverfahrensgesetz in der Fassung vom 27. Juli 1993 |
| AuslG | Gesetz über die Einreise und den Aufenthalt von Ausländern im Bundesgebiet (Ausländergesetz) vom 9. Juli 1990 |
| BayEUG | Bayerisches Gesetz über das Erziehungs- und Unterrichtswesen in der Fassung vom 29. Februar 1988 |
| BayVGH | Bayerischer Verwaltungsgerichtshof (mit Sitz in München) |
| BGB | Bürgerliches Gesetzbuch vom 18. August 1896 |
| BGH | Bundesgerichtshof |
| BGHSt | Entscheidungen des Bundesgerichtshofs in Strafsachen (amtliche Sammlung) |
| BGHZ | Entscheidungen des Bundesgerichtshofs in Zivilsachen (amtliche Sammlung) |
| BSeuchenG | Gesetz zur Verhütung und Bekämpfung übertragbarer Krankheiten beim Menschen (Bundesseuchengesetz) in der Fassung vom 18. Dezember 1979 |
| BT-Drucksache | Drucksache des Deutschen Bundestages |
| BtMG | Gesetz über den Verkehr mit Betäubungsmitteln (Betäubungsmittelgesetz) in der Fassung vom 1. März 1994 |
| BtMVV | Verordnung über das Verschreiben, die Abgabe und den Nachweis des Verbleibs von Betäubungsmitteln (Betäubungsmittel-Verschreibungsordnung) in der Fassung vom 16. September 1993 |
| BVerfG | Bundesverfassungsgericht |
| BVerfGE | Entscheidungen des Bundesverfassungsgerichts (amtliche Sammlung) |

| | |
|---|---|
| BVFG | Gesetz über die Angelegenheiten der Vertriebenen und Flüchtlinge (Bundesvertriebenengesetz) in der Fassung vom 2. Juni 1993 |
| BWG | Bundeswahlgesetz vom 23. Juli 1993 |
| DVBl. | Deutsches Verwaltungsblatt |
| EU | Europäische Union |
| GG | Grundgesetz für die Bundesrepublik Deutschland vom 23. Mai 1949 |
| GVG | Gerichtsverfassungsgesetz in der Fassung vom 9. Mai 1975 |
| HumAG | Gesetz über Maßnahmen für im Rahmen humanitärer Hilfsaktionen aufgenommene Flüchtlinge vom 22. Juli 1980 |
| JGG | Jugendgerichtsgesetz in der Fassung vom 11. Dezember 1974 |
| JÖSchG | Gesetz zum Schutze der Jugend in der Öffentlichkeit (Jugendschutzgesetz) vom 25. Februar 1985 |
| JR | Juristische Rundschau |
| MDR | Monatsschrift für Deutsches Recht |
| MRK | Konvention zum Schutze der Menschenrechte und Grundfreiheiten vom 4. November 1950 |
| NJW | Neue Juristische Wochenschrift |
| NVwZ | Neue Zeitschrift für Verwaltungsrecht |
| OLG | Oberlandesgericht |
| RGSt | Entscheidungen des Reichsgerichts in Strafsachen (amtliche Sammlung) |
| RiStBV | Richtlinien für das Strafverfahren und das Bußgeldverfahren vom 1. Januar 1977 in der Fassung vom 1. Oktober 1992 |
| Rn. | Randnummer |
| RuStAG | Reichs- und Staatsangehörigkeitsgesetz vom 22. Juli 1913 |
| SGB | Sozialgesetzbuch |
| StGB | Strafgesetzbuch in der Fassung vom 10. März 1987 |
| StPO | Strafprozeßordnung in der Fassung vom 7. April 1987 |

| | |
|---|---|
| StV | Strafverteidiger |
| VvB | Verfassung von Berlin vom 23. November 1995 |
| WRV | Weimarer Reichsverfassung vom 11. August 1919 |

# Vorwort

Am 8. Dezember 1985 sendete die ARD unter dem Titel »Herzlich willkommen« die erste Folge der »Lindenstraße«. Die Kritik der Massenmedien fiel überwiegend negativ aus. In der Folgezeit gelang es jedoch den Produzenten der »Lindenstraße« um den deutschen Filmemacher Hans W. Geißendörfer, dieser Serie einen festen Platz im Vorabendprogramm der ARD zu verschaffen. Regelmäßig an jedem Sonntag ab 18.40 Uhr verfolgen die Erstausstrahlung der »Lindenstraße« durchschnittlich mehr als acht Millionen Zuschauer. Mit der Wiederholung jeder Folge in den dritten Programmen und im ORF erreicht die »Lindenstraße« damit wöchentlich insgesamt zwölf Millionen Fernsehzuschauer. Die fünfhundertste Folge (»Das Jubiläum«) kam am 2. Juli 1995 zur Ausstrahlung. Mittlerweile feierte die »Lindenstraße« am 10. Dezember 1995 (Folge 523: »Menschenrechte«) bereits ihr zehnjähriges Bestehen. Bei dieser Gelegenheit strahlte die ARD auch einen knapp fünfundsiebzig Minuten langen Fernsehfilm mit den Schauspielern der Serie unter dem Titel »Entführung aus der Lindenstraße« aus. Die Medien, insbesondere die Tages- und Wochenzeitungen, berichten in regelmäßigen Abständen über die beliebteste deutsche Fernsehserie. So gab »die tageszeitung« zum zehnjährigen Geburtstag der »Lindenstraße« ein mehrseitiges »taz-Special« heraus.

Die Bedeutung dieser Fernsehserie in der Medienlandschaft kommt vor allem dadurch zum Ausdruck, daß die »Lindenstraße« Themen der gesellschaftlichen und politischen Gegenwart rasch für sich in Anspruch nimmt. Nach den Grundvorstellungen der Sendereihe soll sie zwar in erster Linie über die alltäglichen Ereignisse, Erlebnisse und Schwierigkeiten einer Personengruppe berichten, die nur die Gemeinsamkeit verbindet, daß sie in derselben Straße wohnen. Die Serie stellt insoweit ein Abbild des gewöhnlichen Lebens in der Bundesrepublik Deutschland dar. Die »Lindenstraße« gibt darüber hinaus die in einer demokratischen und pluralistischen Gesellschaft vorhandene Meinungsvielfalt wieder. Es kommen unterschiedliche Meinungen zu gesellschaftlichen und politischen Fragen und allgemein zum Zeitgeschehen zur Sprache. Diese sollen den Zuschauern möglichst wirklichkeitsgetreu, verkörpert jeweils durch einen Bewohner der »Lindenstraße«, vermittelt werden. Die Programmatik der Fernsehserie bietet schließlich die Gewähr dafür, daß sich ein Ende der »Lindenstraße« nicht absehen läßt. Die gesellschaftlichen und politischen Verhältnisse werden weiterhin ausreichend für Themen sorgen. Deshalb wird es sich auch künftig bei der »Lindenstraße« nicht nur um eine schlichte Fernsehserie, sondern um ein Abbild der bundesdeutschen Wirklichkeit handeln.

Der Erfolg der Fernsehserie führte dazu, daß sich zahlreiche »Lindenstraßen«-Fanclubs bildeten. Etwa dreißig Fanclubs ließen sich bisher im Kölner Pressebüro der »Lindenstraße« eintragen. Dazu gehören Fanclubs mit den Namen »Erster virtueller ›Lindenstraßen‹-Fanclub«, »Berliner ›Lindenstraßen‹-Fanclub ›Sonntags immer!‹«, »Elses Enkel«, »Kairolindenstraßenfangemeinde«, »Klausi«, »Kultgemeinde München« oder »Die Tauben« (vgl. Wolfram Lotze, Das amtliche Lindenstraßenbuch, Frankfurt am Main 1995, S. 6). Verschiedene Fanartikel, Bücher, Videokassetten, Comic-Strips und zeitweise auch eine »Lindenstraßen«-Hotline steigern die Popularität dieser Familienserie. Die Zuschauer können mittlerweile auch im Internet Informationen abrufen. Der Westdeutsche Rundfunk (WDR) strahlt seit Anfang August 1996 eine Radio-Satire mit dem Titel »Straße der Gebeutelten« aus.

Es entstanden außerdem bereits zahlreiche wissenschaftliche Arbeiten und Veröffentlichungen über die »Lindenstraße«, die überwiegend aus dem sozialwissenschaftlichen, dem pädagogischen, dem publizistischen, dem germanistischen und dem theaterwissenschaftlichen Bereich stammen. Eine Betrachtung der »Lindenstraße« aus rechtlicher Sicht stand bislang noch aus. Dieses Buch soll nun einen ersten Beitrag dazu leisten, die »Lindenstraße« auch rechtlich zu erschließen.

# Einführung – Die »Lindenstraße«: Kein rechtsfreier Raum

Mehr als zehn Jahre nach der ersten Folge der »Lindenstraße«, der lange Zeit einzigen Dauerserie des deutschen Fernsehens, bietet diese Sendereihe immer noch Gesprächsthemen. Die Geschehnisse in der Münchener Straße bekamen im Laufe der Zeit zunehmend einen gesellschaftlichen und politischen Hintergrund. Es geht in der »Lindenstraße« nicht nur um Liebschaften und Feindschaften, Beziehungsprobleme und Schwierigkeiten im Berufsleben, sondern auch um die Darstellung von Tabubrüchen. Das unterscheidet die »Lindenstraße« von herkömmlichen Fernsehserien. So behandelte sie unter anderem Themen wie Aids, Ausländerfeindlichkeit, Homosexualität, Nationalsozialismus, Rechtsradikalismus, Sitzblockaden, Stromboykott oder Zölibat. Diese Themen warfen zwangsläufig Rechtsprobleme auf. Trotzdem traten die verschiedenen Organe der Rechtspflege, etwa Mitarbeiter der Strafverfolgungsbehörden (Polizei und Staatsanwaltschaft) und der Gerichte (Richter), aber auch Rechtsanwälte bisher nur selten und dann lediglich als Randfiguren in Erscheinung. Vorübergehend sollte Rechtsanwalt Dr. Richard Kirch, ein erklärter Fachmann für Arbeits- und Wirtschaftsrecht, sich um die juristischen Schwierigkeiten der »Lindenstraßen«-Bewohner bemühen. Er bezog dafür eine aufwendig ausgestattete Kanzlei im Hause Kastanienstraße 26. Rechtsanwalt Dr. Kirch verwickelte sich in undurchsichtige Geschäfte und nahm bereits nach weniger als zwei Jahren einen unrühmlichen Abschied aus der »Lindenstraße«. Er landete am 4. April 1991 wegen seiner Beteiligung an ungesetzlichen Giftmüll-Ausfuhren des Unternehmens Roderich Merkel & Co. nach Osteuropa, getarnt als Versand verschiedener Katastrophenschutzmaterialien, in Untersuchungshaft. Seine Rechtsanwaltsgehilfin, die schrille Gloria Birnbaum, mußte schon einige Wochen zuvor nach einem Knöchelbruch endgültig die »Lindenstraße« verlassen. Weitere Vertreter des Juristenstandes gaben nur Gastspiele. Dazu zählten Hans Beimers sowohl farbloser als auch erfolgloser Rechtsanwalt Dr. Stern und

Rechtsanwalt Otto Pichelsteiner aus Landshut, der ältere Bruder des Schrottkünstlers Zorro. Ein Bedarf an tüchtigen Juristen bleibt deshalb gering, weil die »Lindenstraßen«-Anwohner ihre Rechtsangelegenheiten weitgehend außergerichtlich und häufig ohne einen juristischen Beistand regeln. In diesem Sinne läßt sich die »Lindenstraße« als rechtsfreier Raum bezeichnen. Außergerichtlich regelte nicht nur Onkel Franz Wittichs Bürgerwehr die Schwierigkeiten mit kindlichen Einbrechern durch Selbstjustiz. Onkel Franz schoß in der Nacht des 14. auf den 15. September 1989 einen zwölfjährigen Jungen, der nachts in Enrico Pavarottis Pizzeria einbrach, mit einer Pistole nieder. Hans Beimer deckte durch hartnäckige eigene Ermittlungen einen großangelegten Korruptionsskandal um den Hauseigentümer Phil Seegers und den falschen Freund Lothar Bödefeld im Stadtbauamt auf. Am 18. Juli 1996 mußten sich deshalb Phil Seegers und Lothar Bödefeld vor einem Münchener Gericht unter anderem wegen Bestechung (vgl. § 334 StGB) beziehungsweise wegen Bestechlichkeit (vgl. § 332 StGB) verantworten. Benno Zimmermann setzte im September 1986 einen Schmerzensgeldanspruch von 20.000 DM wegen Körperverletzung außergerichtlich gegen Phil Seegers durch. Weitere Fälle außergerichtlicher Regelungen lassen sich beliebig aufzählen. Die meisten »Lindenstraßen«-Bewohner verfügen über verblüffend gute Rechtskenntnisse. Deshalb bedürfen sie schon aus diesem Grunde in der Regel keiner anwaltlichen Beratung. Der griechische Gastwirtssohn und »Kamikaze-Fahrer« Vasily Sarikakis gab ausgiebige Kenntnisse des bundesdeutschen Wahlrechts und die Kindergärtnerin Anna Ziegler-Beimer weitreichendes Wissen über das seit dem 1. Juli 1993 in Deutschland geltende Asylrecht zu erkennen. Jedoch ließen sich Rechtsstreitigkeiten, die erst durch die Entscheidung eines staatlichen Gerichts zum Abschluß gelangten, in der »Lindenstraße« nicht immer vermeiden.

Im folgenden werden nun sieben Fälle aus verschiedenen Rechtsgebieten behandelt, in denen »Lindenstraßen«-Bewohner entweder in die Mühlen der staatlichen Rechtspflege gerieten oder hätten geraten müssen. So geht es im Fall 1 um die Grenzen der Meinungsäußerungsfreiheit im Strafrecht. Dabei bleibt nicht außer Betracht, daß sich eine Schauspielerin der »Lindenstraße« selbst wegen ihrer Mitwirkung an dieser Fernsehserie vor den Schranken der deutschen Strafjustiz verantworten mußte. Der Fall 2 befaßt sich mit der Entwicklung der Jugendkriminalität und mit dem Jugendstrafrecht in der Bundesrepublik Deutschland. Im Fall 3 geht es um das geltende Betäubungsmittelrecht und um die Entwicklung der Drogenkriminalität in Deutschland. Eine kritische Bestandsaufnahme des bundesdeutschen Ausländer- und Asylrechts enthält der Fall 4. Die Ursachen und die Auswirkungen der Gewaltkriminalität in der Bundesrepublik Deutschland behandelt Fall 5. Der Fall 6 untersucht die Grundzüge des Demonstrationsrechts. Schließlich arbeitet der Fall 7 einen Bereich der nationalsozialistischen Vergangenheit aus rechtsgeschichtlicher Sicht auf.

> »Es gibt Persönlichkeiten in unserem Staat, von denen man
> nichts anderes weiß, als daß man sie nicht beleidigen darf.«
>
> (*Karl Kraus*, österreichischer Publizist,
> Sprachkritiker und Satiriker; 1874–1936)

# 1 Der Fall Chris Barnsteg:
## Die »Lindenstraße« und der Staatsanwalt

Zu den schillernden Persönlichkeiten der »Lindenstraße« gehörte Christina (Chris) Barnsteg. Sie wurde am 9. November 1964 geboren. Nach der Ehescheidung ihrer Eltern lebte Chris bei ihrer Mutter. Chris Barnsteg besuchte die Realschule, die sie erfolgreich mit der Mittleren Reife abschloß. Anschließend begann sie eine Ausbildung als Rechtsanwaltsgehilfin bei dem Freund ihrer Mutter. Diese Ausbildung brach Chris vorzeitig ab, weil der Freund ihrer Mutter sie am Arbeitsplatz belästigte. Danach übte sie einige Gelegenheitsarbeiten aus, so als Kellnerin in einer Cafeteria namens »Bei Laura« und als Lagerarbeiterin in einem Kaufhaus.

Chris lebte einige Zeit mit ihrem Freund Kevin, einem Fotografen aus England, zusammen. Durch Kevin machte sie Erfahrungen mit Alkohol und Rauschgift. 1985 lernte sie in einer Gaststätte den freien Musiker und Komponisten Wolf Drewitz kennen und lieben. Sie lebte bald mit ihm in der Wohngemeinschaft im Haus Lindenstraße 3 zusammen. Wolf entpuppte sich als ein selbstsüchtiger Mensch. Er kümmerte sich nur um seine Musik und immer weniger um seine inzwischen alkoholkranke Freundin. Als Chris ungewollt schwanger wurde und sich selten nüchtern in der Wohngemeinschaft aufhielt, nahm Wolf im Februar 1986 eine Be-

schäftigung als Musiker auf einem Kreuzfahrtschiff an. Dr. Dressler riet Chris wegen ihrer Alkoholschwierigkeiten zu einer Abtreibung. Chris wollte das Kind gegen den ärztlichen Rat zur Welt bringen. Doch sie erlitt als Folge ihres erheblichen Alkoholgenusses, aber auch aufgrund einer tätlichen Auseinandersetzung mit ihrem Mitbewohner Phil Seegers eine Fehlgeburt. Wolf besuchte seine Freundin nur einmal im Krankenhaus. Nach kurzer Zeit kehrte er auf das Kreuzfahrtschiff zurück. Wolf lernte während einer Seereise die »Frau seines Lebens« kennen und verabschiedete sich durch eine Ansichtskarte aus der »Lindenstraße«. Chris blieb trübsinnig zurück.

Im März 1987 mußte Chris aus der Wohngemeinschaft ausziehen. Gabi und Benno Zimmermann benötigten ein Kinderzimmer für den kleinen Max. Deshalb zog Chris zur alleinstehenden und einsamen Lydia Nolte, die auch im Hause Lindenstraße 3 wohnte. Die betagte Dame begegnete ihrem »lieben Fräulein Christina« mit bewundernswerter Geduld und Nachsicht. Die beiden grundverschiedenen Frauen verstanden sich zwar anfangs nicht, schließlich aber so gut, daß Lydia Noltes wohlerzogene Tochter Berta Griese eifersüchtig wurde. Einige Monate nach ihrem Einzug bei Lydia Nolte freundete sich Chris mit dem Arztsohn Frank Dressler an. Gemeinsam spielten sie in einer Theatergruppe.

Diese Theatergruppe, die um Frank Dresslers Mutter, die vorübergehend aus den Vereinigten Staaten in die »Lindenstraße« zurückgekehrte Berufsschauspielerin Nina Winter, entstand, probte und spielte im griechischen Restaurant »Akropolis« das Theaterstück »L' Orfée« nach Jacques Cocteau. Chris Barnsteg übernahm darin die Hauptrolle. Es kam zu ernsten Streitigkeiten zwischen den Laiendarstellern Frank Dressler und Gert Weinbauer einerseits sowie Chris Barnsteg und Carsten Flöter, mit dem sich Chris besonders gut verstand, andererseits. Chris hatte sich in Carsten, der damals mit Gert Weinbauer zusammenlebte, kurzerhand verliebt. Wegen der Streitigkeiten trennten sich die Mitglieder der Theatergruppe nach einigen Monaten wieder. Ende des Jahres 1987 verließ Frank Dressler Chris und folgte seiner lang entbehrten Mutter in die Vereinigten Staaten.

Die in der »Lindenstraße« zurückgelassene Chris setzte ihr Vorhaben, Schauspielerin zu werden, trotzdem in die Tat um. Sie bestand im

Sommer 1988 mit Erfolg die Aufnahmeprüfung an einer Schauspielschule und nahm anschließend dort Unterricht. Nach einer kurzen Liebelei mit dem Schnorrer und Schrottkünstler Zorro Pichelsteiner begab sich Chris im Mai 1989 als Schauspielerin auf eine Gastspielreise.

Etwa zwei Jahre später besuchte Chris für kurze Zeit ihre Freunde Carsten, Frank und Zorro. Dann verließ sie endgültig die »Lindenstraße«, um an einem Theater in Kopenhagen zu spielen. Chris kehrte bisher nicht wieder in die »Lindenstraße« zurück.

Chris Barnsteg zeigte sich in der »Lindenstraße« als einfühlsame und uneigennützige, aber auch als streitbare Frau. Neben ihrer Vorliebe für moderne Musik und Schauspielkunst setzte sie sich jugendlich unbekümmert gegen Kernwaffen, Umweltverschmutzung und allgemein gegen Gewalt und Ungerechtigkeiten ein. Für diese Erscheinungen hielt sie markige Aussprüche bereit. Chris bezeichnete den Fiesling Phil Seegers zutreffend wie folgt: »Da, wo andere Leute 'n Charakter haben, hat der 'ne Müllkippe!« Dem eigensüchtigen Verhalten ihres ehemaligen Freundes Wolf Drewitz begegnete sie unter anderem mit folgender Erkenntnis: »Wenn's drauf ankommt, bist Du sowieso immer allein!«

In einigen Fällen begegnete Chris Barnsteg den Schattenseiten des täglichen Lebens mit beherzten, gelegentlich auch unüberlegten Taten. Chris Barnsteg galt unter den Bewohnern der »Lindenstraße« als Einzelkämpferin (vgl. dazu Monika Paetow (Hrsg.), Lindenstraße. Das Buch. Geschichten, Bilder, Hintergründe, Düsseldorf 1989, Seite 101). So entführte Chris am 11. Februar 1988, als alte Dame Katharina verkleidet, die in einem psychiatrischen Krankenhaus eingesperrte, verzweifelte Philomena (Philo) Bennarsch und brachte sie in ihre eigene Wohnung zurück. Bedrückt nahm Chris einige Stunden später die Nachricht auf, daß Philo Bennarsch dort friedlich entschlafen war. Am 18. August 1988 blockierte Chris vorübergehend mit einem großen Transparent gegen die Rüstung in Europa die Fahrbahn zwischen dem Haus Lindenstraße 3 und dem Supermarkt. Chris ließ sich dann von zwei Polizeibeamten von der Fahrbahn auf den Gehweg tragen. Die Bewohner der »Lindenstraße« zeigten sich – mit Ausnahme der rührigen Lydia Nolte – von dieser Straßenblockade unbeeindruckt. Sie feierten nach einer kurzen Unterbrechung vergnügt die Eröffnung des Buchladens des verhinderten Journalisten und Schriftstellers Robert Engel, die gleichzeitig einige Meter entfernt in Gottlieb Grieses ehemaligem Kiosk stattfand, weiter. Chris versuchte beharrlich, Dr. Ludwig Dressler vor dem Alkoholismus zu bewahren. Dabei konnte sie auf eigene Erfahrungen zurückgreifen. Dem Adoptivkind Manoel Griese aus Mexiko gab Chris mit Erfolg Nachhilfeunterricht in Deutsch. Sie bemühte sich, über eine Zeitungsanzeige einen Freund für die verwitwete Lydia Nolte zu finden. Dieser Versuch scheiterte kläglich. Der für Lydia Nolte auserwählte zukünftige Lebensgefährte, Ernst-Hugo von Salen-Priesnitz, langweilte Lydia bereits bei seinem ersten Besuch. Er brachte sich in Verlegenheit, als er auf ihrem Sofa einschlief. Erst im Sommer 1994 tauchte Ernst-Hugo von Salen-Priesnitz, diesmal als Verehrer und späterer Liebhaber der lebenslustigen Amelie von der Marwitz, wieder in der »Lindenstraße« auf. Schließlich verschaffte Chris Barnsteg gemeinsam mit Carsten Flöter dem »Nassauer« Zorro Pichelsteiner ein dringend notwendiges Schaumbad.

In der Wohngemeinschaft der »Lindenstraße« fühlte sich Chris mit Gabi Skabowski und Benno Zimmermann wohl. Bei Gabis und Bennos Hochzeit am 19. Februar 1987 war Chris Trauzeugin. Noch nach ihrem Auszug kümmerte sie sich um ihre ehemaligen Mitbewohner. Chris setzte sich für den unglücklichen Benno ein. Der durch eine Bluttransfusion mit dem HIV-Virus infizierte und später an der Krankheit Aids Verstorbene erhielt Anfang Oktober 1988 wegen dieser Infektion die fristlose Kündigung seines Arbeitsverhältnisses in einer Behindertenwerkstatt. Die Mitglieder der Wohngemeinschaft und die ehemalige Mitbewohnerin Chris erörterten in der am 9. Oktober 1988 ausgestrahlten Folge 149 (»Träume«) lautstark die Frage, ob Benno Zimmermann gegen die fristlose Kündigung vor dem Arbeitsgericht klagen solle. Chris Barnsteg äußerte sich zu dieser Frage wie folgt: »Klar muß er! Die Öffentlichkeit muß endlich mitkriegen, was hier bei uns passiert. Unter dem Deckmantel der Sauberkeit! Gauweiler und Co.! Das sind doch alles Faschisten!«

Wegen dieser Äußerung mußten sich ein beim Westdeutschen Rundfunk (WDR) angestellter Programmgruppenleiter, eine ebenfalls beim WDR beschäftigte Produktionsgruppenleiterin und die damals für die Rolle der Chris Barnsteg vertraglich verpflichtete Schauspielerin strafrechtlich wegen Beleidigung (§ 185 StGB) und übler Nachrede (§ 186 StGB) verantworten.

Das Strafverfahren gegen die drei genannten Personen beruhte auf einer Strafanzeige und einem Strafantrag des damaligen Staatssekretärs im bayerischen Staatsministerium des Inneren, Peter Gauweiler (CSU). Bei den Straftatbeständen der Beleidigung und der üblen Nachrede handelt es sich um Antragsdelikte (vgl. § 194 Absatz 1 Satz 1 StGB). Diese Straftaten dürfen nur auf Antrag verfolgt werden. Beim Strafantrag handelt es sich um die Erklärung des Befugten, daß er die Strafverfolgung des Täters begehre. Der Befugte muß den Strafantrag schriftlich oder zu Protokoll bei einem Gericht oder der Staatsanwaltschaft oder schriftlich bei der Polizei anbringen (vgl. § 158 Absatz 2 StPO). Der Strafantrag läßt sich nicht mit der Strafanzeige (vgl. § 158 Absatz 1 StPO) gleichsetzen, kann aber mit der Strafanzeige verbunden werden. Der durch die Straftat Verletzte hat, soweit das Gesetz nichts anderes bestimmt, den Strafantrag zu stellen (§ 77 Absatz 1 StGB). Der Antragsberechtigte hat den Strafantrag regelmäßig innerhalb einer Frist von drei Monaten zu stellen (§ 77 b Absatz 1 Satz 1 StGB). Die Frist beginnt mit dem Ablauf des Tages, an dem der Antragsberechtigte von der Tat und der Person des Täters Kenntnis erlangt (§ 77 b Absatz 2 Satz 1 StGB).

Der zuständige Staatsanwalt erhob aufgrund der Strafanzeige und des Strafantrags des bayerischen CSU-Politikers Peter Gauweiler Anklage gegen die obengenannten Personen. Das Strafverfahren fand im ersten Rechtszug vor dem Amtsgericht – Schöffengericht – Köln statt. Peter Gauweiler trat darin gegen die drei Angeklagten als Nebenkläger auf. Zur Nebenklage befugt ist in einem Strafverfahren auch die durch eine Beleidigung nach § 185 StGB oder eine üble Nachrede nach § 186 StGB verletzte Person (vgl. § 395 Absatz 1 Nr. 1 b) StPO). Der Nebenkläger darf sich durch eine schriftliche Anschlußerklärung, die zu jedem Zeitpunkt des Strafverfahrens möglich ist, an der durch die Staatsanwaltschaft erhobenen öffentlichen Klage beteiligen (§ 396 Absatz 1 StPO). Das Gericht entscheidet über die Berechtigung zum Anschluß als Nebenkläger (§ 396 Absatz 2 StPO). Der Nebenkläger ist nach erfolgtem Anschluß vor gerichtlichen Entscheidungen zu hören, darf in der Hauptverhandlung anwesend sein, Anträge stellen, Richter und Sachverständige ablehnen, Erklärungen abgeben und nach der Beweisaufnahme einen Schlußvortrag halten (§ 397 Absatz 1 StPO). Gegen Entscheidungen des Gerichts darf er unabhängig von der Staatsanwaltschaft Rechtsmittel einlegen (§ 401 Absatz 1 Satz 1 StPO).

Zum damaligen Zeitpunkt vertrat der Nebenkläger die Auffassung, daß die Aids-Erkrankung in das Gesetz zur Verhütung und Bekämpfung übertragbarer Krankheiten beim Menschen (Bundesseuchengesetz – BSeuchenG) in der Fassung vom 18. Dezember 1979 aufgenommen werden müsse. Er empfahl der bayerischen Landesregierung in seiner Eigenschaft als damaliger Staatssekretär des Inneren einen Maßnahmenkatalog. Danach sollten sowohl Aids-Erkrankte als auch bereits HIV-Infizierte zwangsweise erfaßt und in ihrer beruflichen Ausübungsfreiheit beschränkt werden. Diese Meinung war umstritten. Sie stieß bei der überwiegenden Anzahl der Regierungspolitiker auf Ablehnung. In der damaligen politischen Diskussion stellten verschiedene Zeitungen und Zeitschriften Vergleiche zwischen den durch den Nebenkläger vorgeschlagenen Maßnahmen und der Internierung und Konzentrierung einiger Teile der deutschen Bevölkerung während des Dritten Reiches an (vgl. dazu OLG Köln NJW 1993, Seite 1486).

Die Angeklagten verteidigten sich mit der Einlassung, daß die Äußerung Chris Barnstegs nur dazu gedient habe, eine bestimmte Meinungsrichtung in der bundesdeutschen Bevölkerung zu verdeutlichen. Es sei weder beabsichtigt gewesen, den Nebenkläger zu beleidigen noch zu behaupten, daß der Nebenkläger tatsächlich ein Faschist sei.

Aus diesem Grunde sprach das Amtsgericht – Schöffengericht – Köln die Angeklagten vom Vorwurf der üblen Nachrede (§ 186 StGB) und der Beleidigung (§ 185 StGB) frei. Gegen dieses Urteil legten die Staatsanwaltschaft und der Nebenkläger Berufung ein. Diese Rechtsmittel verwarf das Landgericht Köln als unbegründet.

Das Landgericht Köln ging in seiner Entscheidung davon aus, daß der Straftatbestand einer Beleidigung nicht vorliege. Zwar stelle Chris Barnstegs Äußerung »Gauweiler und Co.! Das sind doch alles Faschisten!« für sich genommen eine Beleidigung dar. Diese Bemerkung verliere jedoch im Zusammenhang mit der Fernsehserie »Lindenstraße«

deutlich an Gewicht. Es komme hinzu, daß die erkennbare Zielrichtung der Äußerung die Darstellung und Wiedergabe einer in der Bevölkerung, in linksextremen Kreisen vorhandenen Meinung und Ansicht über den vermeintlichen politischen Standort des Nebenklägers sei. Selbst wenn in der Äußerung Chris Barnstegs eine Herabsetzung und Kränkung des Nebenklägers zu sehen sei, käme eine Verurteilung der Angeklagten wegen Beleidigung nicht in Betracht, weil es sich nicht um eine Schmähkritik handele und daher dem Grundrecht der freien Meinungsäußerung nach Artikel 5 Absatz 1 Satz 1 des Grundgesetzes (GG) bei der gebotenen Abwägung mit dem allgemeinen Persönlichkeitsrecht des Nebenklägers der Vorrang gebühre. Den Autoren sei es um eine Auseinandersetzung mit einer hinter dem Nebenkläger stehenden und durch diesen verkörperten Auffassung zu Fragen des Umgangs mit der Krankheit Aids gegangen. Die Äußerung Chris Barnstegs habe nicht der Beleidigung des Nebenklägers gedient. Schließlich sei eine Verurteilung der Angeklagten nicht möglich, weil die beanstandete Bemerkung den Schutz des Grundrechts der Kunstfreiheit gemäß Artikel 5 Absatz 3 Satz 1 GG genieße. Die fragliche Äußerung sei durch die Gesamtumstände so abgeschwächt, daß dadurch das Persönlichkeitsrecht des Nebenklägers nicht oder jedenfalls nicht erheblich in Mitleidenschaft gezogen werde. Ein Mißbrauch der Kunstform des Fernsehspiels sei nicht ersichtlich gewesen (vgl. OLG Köln NJW 1993, Seite 1486).

Gegen das Urteil des Landgerichts Köln richteten sich die Revisionen der Staatsanwaltschaft und des Nebenklägers mit der Sachrüge. Diese Rechtsmittel blieben nach dem Urteil des Oberlandesgerichts Köln vom 28. Januar 1992 (vgl. OLG Köln NJW 1993, Seite 1486) ohne Erfolg.

Das Oberlandesgericht Köln sprach die Angeklagten vom Vorwurf der üblen Nachrede (§ 186 StGB) und der Beleidigung (§ 185 StGB) frei. Die Angeklagten machten sich weder wegen übler Nachrede noch wegen Beleidigung strafbar.

Nach § 186 StGB wird wegen übler Nachrede bestraft, wer in Beziehung auf einen anderen Menschen eine Tatsache behauptet oder verbreitet, welche denselben verächtlich zu machen oder in der öffentlichen Meinung herabzuwürdigen geeignet ist. Die Vorschrift des § 186

StGB schützt damit die Ehre des Menschen. Bei der Ehre des Menschen handelt es sich um den Wert, der dem Menschen durch seine Personenwürde und aufgrund seines sittlich-gesellschaftlichen Verhaltens zukommt. Dabei bleiben der innere Wert der Ehre als die Würde des Menschen und der äußere Wert der Ehre in den Augen der anderen Menschen, und zwar die Geltung innerhalb der menschlichen Gesellschaft, untrennbar miteinander verbunden. Opfer einer Ehrverletzung nach § 186 StGB kann zunächst jeder Mensch sein. Deshalb war auch der Nebenkläger im Sinne dieser Vorschrift beleidigungsfähig.

Die Angeklagten müßten, um sich nach § 186 StGB wegen übler Nachrede strafbar gemacht zu haben, in Bezug auf den Nebenkläger eine Tatsache behauptet oder verbreitet haben, die ihn verächtlich zu machen oder in der öffentlichen Meinung herabzuwürdigen geeignet ist. Es stellt sich die Frage, ob es sich bei dem Ausspruch »Gauweiler und Co.! Das sind doch alles Faschisten!« um eine ehrenrührige Tatsachenbehauptung gemäß § 186 StGB handelt. Die Äußerung Chris Barnstegs fällt nur dann unter die Strafvorschrift der üblen Nachrede im Sinne des § 186 StGB, wenn sie eine Tatsachenbehauptung und nicht lediglich eine beleidigende Meinungsäußerung im Sinne des § 185 StGB enthält. Tatsachen sind bestimmte Vorgänge oder Zustände der Vergangenheit oder der Gegenwart, die sinnlich wahrnehmbar in Erscheinung treten und damit als etwas Geschehenes oder Bestehendes dem Beweis offenstehen (vgl. RGSt 68, Seiten 120, 122; vgl. auch BGH JR 1977, Seiten 28, 29; vgl. OLG Köln NJW 1993, Seiten 1486, 1487). Der Täter einer üblen Nachrede behauptet eine Tatsache, wenn er etwas als nach seiner eigenen Überzeugung gewiß oder richtig hinstellt. Dabei kommt es nicht entscheidend darauf an, ob es sich um das Ergebnis seiner eigenen Wahrnehmung handelt. Dagegen verbreitet der Täter eine Tatsache, wenn er die Mitteilungen als Gegenstand fremden Wissens weitergibt. Ehrenrührig ist eine Tatsache, wenn sie geeignet ist, den Betroffenen verächtlich zu machen oder in der öffentlichen Meinung herabzuwürdigen.

Den Gegensatz zu den Tatsachen bilden die bloßen Meinungsäußerungen und Werturteile. Diese Äußerungen und Werturteile drücken lediglich Meinungen aus, ohne daß sie durch einen Tatsachenkern belegbar bleiben (vgl. Eduard Dreher und Herbert Tröndle, Strafgesetzbuch und Nebengesetze. Kommentar, 47. Auflage, München 1995, § 186 StGB, Rn. 1). Die bloßen Meinungsäußerungen und Werturteile lassen sich wegen der fließenden Übergänge oft nur schwer von den Tatsachenbehauptungen abgrenzen (vgl. die Beispiele in BGHSt 6, Seite 157; BGHSt 6, Seite 357; BGHSt 12, Seite 287; BGH NJW 1982, Seiten 2246 und 2248). Entscheidend für die Abgrenzung zwischen den Tatsachenbehauptungen einerseits und den Meinungsäußerungen und Werturteilen andererseits bleibt die Frage, ob der Täter dem Beweis zugängliche Tatsachen behauptet oder wenigstens die allgemeine Bezeichnung zu Ereignissen in Beziehung setzt (vgl. BGHSt 12, Seite 287). Soweit der Täter nicht dem Beweis zugängliche Tatsachen behauptet oder wenigstens die allgemeine Bezeichnung zu Ereignissen in Beziehung setzt, kommt lediglich eine Beleidigung nach § 185 StGB in Betracht. Ansonsten bleibt der Straftatbestand der üblen Nachrede gemäß § 186 StGB anwendbar. Für die Abgrenzung zwischen den Tatsachenbehauptungen einerseits und den Meinungsäußerungen und Werturteilen andererseits kommt es darauf an, ob ein Tatsachenkern zugrunde liegt oder ob es nur um erheblich wertende Äußerungen, vor allem Äußerungen politischer Art, geht (vgl. BGHSt 6, Seite 162).

Bei der Äußerung Chris Barnstegs, daß »Gauweiler und Co. ... Faschisten« seien, handelt es sich nach dem Urteil des Oberlandesgerichts Köln vom 28. Januar 1992 nicht um eine Tatsachenbehauptung im Sinne des § 186 StGB. Das Gericht hielt es für ohne weiteres nachvollziehbar, daß das Landgericht Köln dieser Äußerung den Erklärungswert eines Werturteils beigemessen habe. Die Bemerkung Chris Barnstegs selbst, und zwar der dieser Äußerung innewohnende Inhalt, knüpfe nicht an ein einer Beweisbarkeit zugängliches Geschehen an. Vielmehr bewege sich diese Äußerung trotz des durch die Situation bedingten Zusammenhangs mit der Krankheit Aids auf einer Abstraktionsebene. Diese Abstraktionsebene ließe die Äußerung eindeutig als Ergebnis einer rein persönlichen Wertung erscheinen (vgl. OLG Köln NJW 1993, Seite 1487). Danach legte das Landgericht Köln in seinem Berufungsurteil die Äußerung »Gauweiler und Co.! Das sind doch alles Faschisten!« zu Recht dahingehend aus, daß sie wegen ihrer erkennbaren Zielrichtung die Darstellung und Wiedergabe einer in der Bevölkerung, in linksextremen Kreisen vorhandenen Meinung und Ansicht über den vermeintlichen politischen Standort des Nebenklägers sei, ohne daß eine Wertung dieser Meinung und Ansicht erfolgen sollte (vgl. OLG Köln NJW 1993, Seiten 1486, 1487).

Das Landgericht Köln beachtete insbesondere die durch das Bundesverfassungsgericht für die strafrechtliche Beurteilung bestimmter Äußerungen in Kunstwerken gemäß Artikel 5 Absatz 3 Satz 1 GG gesetzten Auslegungsmaßstäbe. Danach stellt ein wesentlicher Bestandteil der Auslegung die Gesamtschau des Werkes unter Würdigung der für die jeweilige Kunstgattung prägenden Eigenarten dar (vgl. BVerfGE 67, Seiten 213, 228 = BVerfG NJW 1985, Seite 261; vgl. auch BVerfGE 75, Seiten 369, 378, 379 = BVerfG NJW 1967, Seite 2661). Es verbietet sich somit, einzelne Teile eines Kunstwerks aus dessen Zusammenhang zu lösen und gesondert auf ihre strafrechtliche Bedeutung zu untersuchen (vgl. BVerfGE 67, Seiten 213, 228, 229 = BVerfG NJW 1985, Seite 261). Das Oberlandesgericht Köln ging davon aus, daß das Landgericht bei der Auslegung nicht gegen die Grundsätze der verfassungsgerichtlichen Rechtsprechung zur Frage der Zurechenbarkeit bestimmter Äußerungen verstoßen habe. Die Grundsätze beinhalteten, daß bei den für die Auslegung einer Äußerung in Betracht zu ziehenden Gesamtumständen nur derartige dem sich Äußernden anzurechnen seien, auf die er sich erkennbar stütze (vgl. OLG Köln NJW 1993, Seiten 1486, 1487; vgl. dazu auch BVerfGE 82, Seiten 43, 52, 53 = BVerfG NJW 1990, Seiten 1980, 1981). Der Gesamtzusammenhang der Urteilsgründe des Landgerichts Köln, vor allem die Würdigung der Zielrichtung der fraglichen Äußerung auf der Grundlage der Feststellungen zum Gesamtaufbau der Fernsehserie »Lindenstraße«, der gegenwärtigen politischen Hintergründe (die Vorschläge des Nebenklägers zum Umgang mit der Krankheit Aids und deren Bewertung in der Öffentlichkeit) und dem Ziel der Angeklagten ergäbe, daß das Landgericht die vom Bundesverfassungsgericht geforderte werkgerechte Auslegung von Kunstwerken vorgenommen und die Frage der Zurechnung in seine Überlegungen einbezogen habe. Eine Strafbarkeit der Angeklagten wegen übler Nachrede gemäß § 186 StGB scheide daher aus (vgl. OLG Köln NJW 1993, Seiten 1486, 1487).

Es liegt nach Auffassung des Oberlandesgerichts Köln auch nicht der Straftatbestand einer Beleidigung gemäß § 185 StGB vor. Eine Beleidigung ist der rechtswidrige Angriff auf die Ehre eines anderen Menschen durch die vorsätzliche Kundgabe der Mißachtung oder Nichtachtung (vgl. BGHSt 1, Seite 289; BGHSt 11, Seite 67; BGHSt 16, Seite 63). Die Kundgabe der Mißachtung oder Nichtachtung kann durch Meinungsäußerungen oder Werturteile erfolgen. Dabei bleibt es gleichgültig, ob der Täter die Mißachtung oder Nichtachtung unmittelbar gegenüber dem Verletzten oder nur mittelbar gegenüber dritten Personen kundgibt. Der Täter greift die Ehre eines anderen Menschen an, wenn er ihm zu Unrecht Mängel nachsagt, die, wenn sie vorlägen, den Geltungswert des Betroffenen minderten (vgl. BGHSt 36, Seiten 145, 148 = BGH NJW 1989, Seite 3028). Der Tatbestand des § 185 StGB knüpft die strafrechtliche Rechtsfolge an die Kundgabe der eigenen Nichtachtung oder Mißachtung der Person an (vgl. RGSt 46, Seiten 356, 358). Bei der Beteiligung an durch Veröffentlichungen begangenen Äußerungsdelikten bleiben nur diejenigen Umstände zu berücksichtigen, die dem sich Äußernden zurechenbar sind, weil er sie sich erkennbar zu eigen machen will (vgl. OLG Köln NJW 1993, Seiten 1486, 1487; vgl. dazu auch BVerfGE 82, Seiten 43, 52, 53 = BVerfG NJW 1990, Seiten 1980, 1981, 1982).

Seit der sogenannten »Panorama-Entscheidung« des Bundesgerichtshofes vom 6. April 1976 (vgl. BGHZ 66, Seiten 183, 184 = BGH NJW 1976, Seite 1198) erkennt die Rechtsprechung an, daß bei der Beantwortung der Frage, ob die Fernsehanstalt und ihre Mitarbeiter wegen der Ausstrahlung einer ehrverletzenden Äußerung zivilrechtlich auf Unterlassung und Widerruf sowie auf Schadenersatz gemäß den §§ 1004, 823 BGB in Anspruch genommen werden können, den Besonderheiten Rechnung getragen werden müsse, die sich aus ihrer Rolle als »Markt« der verschiedenen Ansichten sowie den Möglichkeiten und Zwängen fernsehgerechter Darstellung ergäben. Allein dadurch, daß »das Fernsehen« Äußerungen dritter Personen ausstrahle, ohne sich zugleich ausdrücklich von ihnen zu distanzieren, identifiziere es sich regelmäßig – auch im Verständnis der Fernsehzuschauer – noch nicht mit ihnen (vgl. BGHZ 66, Seite 189 = BGH NJW 1976, Seite 1198). Es handelt sich um die durch die Rechtsprechung zum Schutze der verfassungsrechtlich gewährleisteten Rundfunkfreiheit gemäß Artikel 5 Absatz 1 Satz 2 GG aufgestellten Grundsätze. Diese Grundsätze gelten nach der »Panorama-Entscheidung« des Bundesgerichtshofes auch für das Fernsehen (vgl. BGHZ 66, Seite 188 = BGH NJW 1976, Seite 1198; vgl. auch BVerfGE 82, Seiten 43, 52, 53 = BVerfG NJW 1990, Seiten 1980, 1981, 1982). Nach der Entscheidung des Oberlandesgerichts Köln müßten diese Grundsätze zum Schutze der verfassungsrechtlich gewährleisteten Rundfunkfreiheit nach Artikel 5 Absatz 1 Satz 2 GG im Bereich des Strafrechts erst recht Geltung beanspruchen. Es könne keinen Unterschied machen, ob wirkliche Äußerungen tatsächlich bestehender Personen im Fernsehen weitergegeben werden oder ob es sich im Rahmen eines – zusätzlich dem Schutz des Artikels 5 Absatz 3 Satz 1 GG unterliegenden – Fernsehspiels um die sinngemäße und diesem Massenmedium entsprechend »betont« verkürzte Wiedergabe einer durch Teile der Bevölkerung tatsächlich vertretenen Ansicht handele. Entscheidend bleibe, daß die fehlende Identifizierung der für die Sendung Verantwortlichen dem Durchschnittszuschauer erkennbar sei (vgl. OLG Köln NJW 1993, Seiten 1486, 1487).

Eine den Angeklagten zurechenbare Beleidigung des Nebenklägers könne nur dann angenommen werden, wenn die genannte Äußerung Chris Barnstegs dahin auszulegen sei, daß sie – für die Zuschauer erkennbar – unter dem Deckmantel der Kunstform des Fernsehspiels eine eigene Mißachtung des Nebenklägers kundtun wollten (vgl. OLG Köln NJW 1993, Seiten 1486, 1487; vgl. dazu BGHZ 66, Seite 190 = BGH NJW 1976, Seite 1198). Einen derartigen Mißbrauch habe das Landgericht Köln bereits ausdrücklich ausgeschlossen (vgl. OLG Köln NJW 1993, Seiten 1486, 1487). Deshalb scheide auch eine Strafbarkeit der Angeklagten wegen Beleidigung gemäß § 185 StGB aus.

Zwar blieben die Revisionen der Staatsanwaltschaft und des Nebenklägers ohne Erfolg. Das Strafverfahren gegen die drei Angeklagten nahm für den Nebenkläger trotzdem einen teilweise erfolgreichen Ausgang. Bei einer Wiederholung der Folge 149 entfiel die Äußerung Chris Barnstegs »Gauweiler und Co.! Das sind doch alles Faschisten!« auf dringendes Anraten des Bayerischen Rundfunks.

»Wenn jemand etwas Gutes getan hat, soll er belohnt, wenn
jemand etwas Böses getan hat, soll er bestraft werden.«

(*Hans Kelsen*, österreichischer Rechtsphilosoph,
Staats- und Völkerrechtslehrer; 1881–1973)

# 2 Der Tod des Matthias Steinbrück: Kriminalität und Strafrecht in der »Lindenstraße«

In der »Lindenstraße« leben kleine und große Sünder. Die aufmerksamen Zuschauer konnten bereits fast alle »Lindensträßler« bei einer Unehrenhaftigkeit oder einem kleinen Fehltritt ertappen. Die meisten Menschen traten dort jedoch nicht nur als Straftäter auf, sie wurden auch schon Opfer einer Straftat. Dabei handelt es sich besonders um Straftaten der kleinen und mittelschweren Kriminalität, von der Abtreibung bis zur rechtswidrigen Zueignung. Es verging kaum eine Folge der Serie, ohne daß der »keifende Schrubber« Else Kling einem der bedauernswerten Mitbewohner ihre Mißachtung oder Nichtachtung kundgab und damit eine Beleidigung beging. Nur wenige Straftaten der »Lindensträßler« endeten bisher vor den Schranken der Justiz. Bekanntgewordene Straftaten kommen in der Regel nicht zur Anzeige. Deshalb darf sich auch das »Schandmaul« Else Kling noch als unbestraft bezeichnen.

Einige Bewohner der »Lindenstraße« überspannten den Bogen bei ihren Taten aber so weit, daß sie den Mühlen der Strafjustiz nicht entgehen konnten. Beispielsweise verschwanden der fiese Phil Seegers und der »Jekyll-und-Hyde«-Verschnitt Robert Engel wegen ihrer Straftaten für lange Zeit hinter »schwedischen Gardinen«. Auch Bürgerschreck Zorro Pichelsteiner verspürte die ganze Härte des Gesetzes und mußte wegen »Totalverweigerung« für sechs Monate in den staatlichen Strafvollzug einfahren.

Zum Leben in der »Lindenstraße« gehören auch zahlreiche Unglücks- und Todesfälle. Mehrere ehemalige »Lindenstraßen«-Bewohner starben keines natürlichen Todes. Der Hotelketten-Geschäftsfüh-

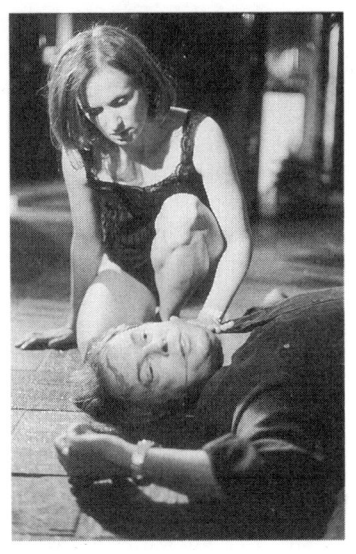

rer Wolf-Dieter Dabelstein erlitt vor dem Versuch eines erzwungenen Schäferstündchens mit Anna Ziegler-Beimer am 16. September 1993 einen tödlichen Treppensturz. Anna Ziegler-Beimer, die den niederträchtigen Wolf-Dieter Dabelstein in höchster Verzweiflung die Treppe hinuntergestoßen hatte, stellte sich acht Monate später der Kriminalpolizei. Sie fühlte sich den rüden Vernehmungsmethoden der Polizeibeamten nicht gewachsen. Aus diesem Grund stürzte sie sich am 12. Mai 1994 während einer Beschuldigtenvernehmung aus dem Fenster des Dienstzimmers der Kriminalpolizei. Als Folge dieses Sturzes erlitt sie erhebliche Verletzungen. Sie verbrachte einige Wochen im Krankenhaus. Für den Tod des Hoteliers Dabelstein mußte sich Anna nicht strafrechtlich verantworten.

Allein im Jahre 1995 kamen mit den Geschwistern Claudia Rantzow-Kling und Dieter Rantzow sowie Benny Beimer drei Personen nach Verkehrsunfällen ums Leben. Die unbekannten Todesfahrer entgingen ihrer gerechten Strafe.

Die Dunkelfelder der Kriminalität in der »Lindenstraße« blieben in den vergangenen Jahren gleichbleibend hoch. Unter einem Dunkelfeld der Kriminalität läßt sich die Summe derjenigen Straftaten verstehen, die den staatlichen Strafverfolgungsbehörden (der Polizei, der Staatsanwaltschaft und der Justiz) nicht bekannt werden und deshalb in der Polizeilichen Kriminalstatistik (PKS), die das Bundeskriminalamt (BKA) mit Sitz in Wiesbaden jährlich veröffentlicht, auch nicht erscheinen. Nicht bekannt bleiben vor allem diejenigen Straftaten, die durch die Opfer aus den unterschiedlichsten Beweggründen nicht zur Anzeige kommen. Das Hellfeld umfaßt im Gegensatz zum Dunkelfeld die in der Polizeilichen Kriminalstatistik ausgewiesenen Straftaten. In der Bundesrepublik Deutschland kommen stets weniger Straftaten zur Anzeige als nicht zur Anzeige. Dies bedeutet, daß das Dunkelfeld grundsätzlich bei allen Deliktsarten größer als das Hellfeld bleibt. Es lassen sich besonders im Bereich der Kinder- und Jugendkriminalität große Dunkelfelder nachweisen. Insoweit stellen die Dunkelfelder der Kriminalität in der »Lindenstraße« wirklichkeitsgetreue Abbilder der entsprechenden Dunkelfelder der bundesdeutschen Kriminalität dar.

Im Dunkeln blieben bislang auch die rätselhaften Umstände des Todes des Matthias Steinbrück. Am 17. August 1995 kam der ehemalige katholische Pfarrer und spätere Religionslehrer tragisch ums Leben (Folge 507 »Laufpaß«). Er wurde auf den Gleisanlagen tot aufgefunden. Die Bewohner der »Lindenstraße« gingen von einer Selbsttötung aus. Als Beweggrund für Steinbrücks Tod vermuteten sie, soweit sie überhaupt an seinem tragischen Ende Anteil nahmen, verschmähte Liebe. Einige Wochen vor seinem Tod hatte sich Matthias Steinbrück in die Sprechstundengehilfin bei Dr. Ludwig Dressler, Corinna Marx, verliebt und mit ihr angebandelt. Am Tag seines Todes hatte er von ihr den Laufpaß erhalten. Sein Tod schien eine Kurzschlußhandlung auf diese Demütigung zu sein. Zwar waren schon Henny Schildknecht und Friedhelm Ziegler durch Selbsttötung aus der »Lindenstraße« ausgeschieden. Es erschienen jedoch Zweifel angebracht, daß der überzeugte Christ Matthias Steinbrück sich auch das Leben genommen haben könnte. Es bleibt daher festzustellen: Bei seinem Tod mußten fast zwangsläufig noch andere Zeitgenossen ihre schmutzigen Finger im Spiel gehabt haben.

Tatsächlich handelte es sich bei dem Tod des »Gottesmannes« (vgl. Monika Paetow (Hrsg.), a.a.O., Seite 73) um einen besonders hinterhältigen Fall einer vorgetäuschten Selbsttötung. Der bekannte Pechvogel Matthias Steinbrück wurde von zwei jungen Leuten, Lisa (»Herzchen«) Hoffmeister und Oliver (»Olli«) Klatt, gewaltsam ins Jenseits befördert. Die »tageszeitung« berichtete in ihrer Ausgabe vom 22. August 1995 über diesen Vorfall: »Nie werden wir erfahren, was er uns zu dem Kruzifix-Urteil zu sagen gehabt hätte. Am vergangenen Sonntag – es war sein 38. Geburtstag – wurde unser aller Nächster, Matthias Steinbrück, von zwei gottlosen Jugendlichen mit einer Bratpfanne erschlagen und auf brutale Weise den Schienen der Bundesbahn überantwortet. Dabei hatte der gläubige Katholik Zeit seines kurzen Lebens in der Lindenstraße stets für mehr Liebe und Verständnis unter den Menschen geworben. Immer bescheiden, verlangte er nie mehr als ein karges Linsengericht von Mutter Beimer. Aber Undank, so mußte der gebürtige Donaueschinger leidvoll erleben, ist der Welten Lohn: Seine Priesterweihe hatte er 1987 auf dem Altar der Liebe geopfert, aber seine Marion fuhr lieber nach Paris. Sein Engagement für den gestrauchelten Klausi und so manch mahnendes Wort in der Kneipe der Familie Sarikakis verhallten ungehört. Und am Tage seines abrupten, uns immer unverständlich bleibenden Todes gab ihm auch noch Sprechstundenhilfe Corinna rüde den Laufpaß. Matthias, du wirst uns fehlen!«

Dieser liebevolle Nachruf auf den ehemaligen Pfarrer Steinbrück zeigt, daß er zu den angesehenen Personen in der »Lindenstraße« zählte, auch wenn er häufig belächelt wurde. Der am 20. August 1957 in Donaueschingen geborene Matthias Steinbrück besuchte das katholische Internat Sankt Blasien. Dort legte er 1976 die Reifeprüfung ab. Nach dem Abitur studierte er katholische Theologie in Aachen und München. 1983 erhielt er die Priesterweihe. Zwei Jahre später übernahm Matthias Steinbrück die Pfarrstelle Sankt Gabriel in München. Im Februar 1987 lernte er die Gymnasiastin Marion Beimer kennen. Die einzige Tochter der Eheleute Helga und Hans Beimer verliebte sich in den Priester. Matthias erwiderte Marions junge Liebe mit einer derartigen Hingabe, daß der empfindsamen Schülerin »angst und bange wurde« (vgl. Monika Paetow (Hrsg.), a.a.O., Seite 72). Im Dezember 1987 legte Matthias Steinbrück sein Priesteramt nieder, um Marion heiraten zu können. Marion trennte sich statt dessen von dem ehemaligen Priester, weil sie sich für eine feste Bindung noch zu unreif fühlte. Sie zog ohne Matthias nach Berlin, um dort Architektur zu studieren. Der untröstliche Matthias Steinbrück blieb allein in München zurück. Er ging weiterhin in der Wohnung der Familie Beimer ein und aus. Bei dieser Gelegenheit lernte er die französische Austauschschülerin Dominique Mourrait kennen. Matthias verliebte sich in sie, die zarte und zerbrechlich wirkende Tochter des bekannten französischen Kunsthändlers Jean-Luc Mourrait. Dominique begegnete Matthias Steinbrücks Liebe nur anfangs mit starker Zuneigung, später lediglich mit Dankbarkeit für seine Hilfe und Fürsorge.

Matthias half Dominique vor allem dabei, ihr gestörtes Verhältnis zu ihrem Vater zu verbessern. Dominique gab ihm die Schuld am Tod ihrer Mutter, die vor mehr als zehn Jahren bei einem Treppensturz tödlich verunglückt war. Seit dieser Zeit litt Dominique an

Eßstörungen. Während der fast zwei Jahre dauernden Beziehung zwischen Matthias und Dominique entfremdete sich die junge Französin mehr und mehr dem ehemaligen Pfarrer. Im Februar 1991 verabschiedete sie sich aus der »Lindenstraße« und kehrte nach Frankreich zurück. Dort lebte ihr Vater, der ehemalige Freund Tanja Schildknechts. Seither erfuhr Matthias Steinbrück – außer der Nachricht über Jean-Lucs Tod am 17. Februar 1994 – nur selten Einzelheiten über die Familie Mourrait. Mit der Familie Beimer blieb Matthias weiterhin eng verbunden. Vorübergehend lebte er in der Wohnung Helga Beimers, die sich mit ihrem Freund Erich Schiller in Irland aufhielt. Matthias sollte sich um das Wohl Klaus Beimers sorgen.

Matthias Steinbrück kümmerte sich acht Jahre lang rührend, aber mit übertriebener Fürsorge um seine Schäfchen. Er trat als unverbesserlicher Moralist, unglücklicher Liebhaber und Französischlehrer für die freche Göre Iffi Zenker auf. Zuletzt sammelte er fleißig Geld für bosnische Flüchtlinge. Matthias Steinbrück lief aber häufig »etwas verloren« (vgl. Monika Paetow (Hrsg.), a.a.O., Seite 73) durch die Straßen. Er schien mit seinen Schützlingen in Frieden zu leben. Weshalb konnte es trotzdem zu dieser Bluttat kommen?

Zwar predigte Steinbrück allerorts christliche Nächstenliebe. Es plagten ihn jedoch seit einiger Zeit auch andere Gefühle. Diese richteten sich gegen Olli Klatt, einen ehemaligen Anhänger der rechtsradikalen Szene. Olli nahm mit seinen Freunden – darunter auch Klaus Beimer – an einem Anschlag auf ein Asylbewerberheim teil. Außerdem betätigte sich Olli als Geldfälscher. Im Oktober 1994 bezichtigte er, tatkräftig unterstützt durch den ewiggestrigen Franz Wittich, den unglücklichen Matthias mit einem hinterlistig angelegten Ränkespiel der Homosexualität und des sexuellen Mißbrauchs des Jugendlichen Klaus Beimer zu Unrecht. Matthias Steinbrück verbrachte wegen der falschen Anschuldigung einige Zeit in Untersuchungshaft. Seitdem haßte er Olli abgrundtief.

Nach Corinnas Abfuhr blieb Matthias Steinbrück vor der Dresslerschen Villa gekränkt und verbittert zurück. Am anderen Ende der Straße erblickte er die verliebten jungen Leute Lisa und Olli. Matthias lehnte diese Freundschaft ab. Er befürchtete, daß der boshafte Olli die junge Lisa verderben könne. Die seit langem angestaute Wut gegen Olli stieg in ihm hoch. Er lief empört den beiden jungen Menschen hinterher. Das Unglück nahm seinen Lauf. Lisa und Olli hatten sich mit Hilfe eines Nachschlüssels in die Wohnung im Hause Lindenstraße 1 der nach Warnemünde verreisten Iffi Zenker und Momo Sperling zurückgezogen. Matthias schrie, tobte und schlug mit seinen Fäusten gegen die verschlossene Wohnungstür. Gleichzeitig drohte er mit der Polizei, falls er nicht eingelassen werden sollte. Olli, der noch »unter Bewährung« stand, fürchtete sich vor der Polizei. Deshalb öffnete er die Tür. Steinbrück stürzte sich sofort mit wilden Vorwürfen auf Olli, würgte ihn und schlug ihn zu Boden. Dann warf er sich auf Olli und würgte ihn erneut. Nach Ollis verzweifelten Hilferufen ergriff Lisa eine schwere Bratpfanne und holte zum Schlag aus. Matthias Steinbrück blieb regungslos am Boden liegen. Lisa und Olli sahen entsetzt, daß Steinbrück am Kopf blutete. Trotz heftiger

Gewissensbisse unterließen sie es, einen Arzt zu holen. Olli beschaffte sich den Kleinlastwagen seines Arbeitgebers. Gemeinsam mit Lisa brachte er den leblosen Matthias zu den Gleisanlagen. Dort legten sie ihn mit dem Kopf auf ein Eisenbahngleis. Matthias Steinbrück wurde von einem Güterzug überrollt.

Eine Strafbarkeit Lisa Hoffmeisters scheitert bereits daran, daß die am 19. Oktober 1981 geborene Lisa zur Tatzeit erst dreizehn Jahre alt und damit im Rechtssinne noch ein Kind war. Nach § 19 StGB ist schuldunfähig, wer bei Begehung der Tat noch nicht vierzehn Jahre alt ist. Das Gesetz vermutet bei einem Kind unwiderlegbar, daß es infolge seiner Unreife nicht die Einsichts- und Steuerungsfähigkeit besitzt, die Voraussetzung strafrechtlicher Schuld ist. Es kommt nicht entscheidend darauf an, daß Lisa zur Tatzeit möglicherweise die zur Einsicht und Steuerung ihres Verhaltens erforderliche Reife bereits erreicht hatte. Deshalb scheiden strafrechtliche Sanktionen gegen sie aus. Die Strafverfolgungsbehörden durften wegen der bestehenden Schuldunfähigkeit Lisas kein Strafverfahren gegen sie einleiten. Sollten die Behörden später Kenntnis über die tatsächlichen Hintergründe des Geschehens erlangen, blieben – bei einem rechtswidrigen Verhalten Lisas – nur Erziehungsmaßregeln nach dem Sozialgesetzbuch (SGB) – Achtes Buch (VIII) – möglich.

Eine Strafbarkeit Ollis wegen Anstiftung zur gefährlichen Körperverletzung (§§ 223, 223 a StGB) oder möglicherweise zum Totschlag (§ 212 StGB) setzt voraus, daß Lisa durch den Schlag mit der Bratpfanne eine vorsätzliche und rechtswidrige Tat beging. Nach § 26 StGB wird als Anstifter wie ein Täter bestraft, wer vorsätzlich einen anderen Menschen zu dessen vorsätzlich begangener rechtswidriger Tat bestimmt hat. Ollis Anstifterrolle könnte sich aus dem Umstand ergeben, daß er durch seine Hilferufe bei Lisa den Entschluß zur Tat hervorrief.

Lisa könnte dadurch, daß sie dem ehemaligen Pfarrer von Sankt Gabriel eine Bratpfanne auf den Kopf schlug, eine gefährliche Körperverletzung (§§ 223, 223 a StGB) oder einen Totschlag (§ 212 StGB) vorsätzlich und rechtswidrig begangen haben. Es steht nicht fest, ob Lisa Matthias Steinbrück töten oder ihn nur verletzen wollte. Nach der sogenannten Einheitstheorie stellt die Körperverletzung ein notwendiges Durchgangsstadium zur Tötung dar. Daher bleibt im Tötungsvorsatz der Körperverletzungsvorsatz eingeschlossen (vgl. BGHSt 16, Seite 122; vgl. auch BGHSt 21, Seite 266). Lisa könnte durch ihren vorsätzlichen Schlag mit der Bratpfanne einen Totschlag, zumindest aber eine gefährliche Körperverletzung begangen haben. Weiterhin müßte sie rechtswidrig gehandelt haben. Eine Tat ist dann rechtswidrig, wenn keine Rechtfertigungsgründe vorliegen. Lisas Schlag mit der Bratpfanne auf Steinbrücks Kopf könnte durch Notwehr zugunsten ihres Freundes Oliver (Nothilfe) gerechtfertigt sein. Ob eine Handlung durch Notwehr oder Nothilfe gerechtfertigt ist, bestimmt sich nach § 32 StGB. Gemäß § 32 Absatz 1 StGB handelt nicht rechtswidrig und wird nicht bestraft, wer eine Tat begeht, die durch Notwehr oder Nothilfe geboten ist. Notwehr ist diejenige Verteidigung, die erforderlich ist, um einen gegenwärtigen, rechtswidrigen Angriff von sich oder einem anderen (Nothilfe) abzuwehren (§ 32 Absatz 2 StGB). Lisa leistete durch ihre Handlung Nothilfe zugunsten ihres Freundes Olli, um ihn aus dem Würgegriff des Pfarrers zu befreien. Damit lag keine rechtswidrige Tat Lisas vor.

Eine Strafbarkeit Ollis wegen Anstiftung zur gefährlichen Körperverletzung gemäß §§ 223, 223 a, 26 StGB oder wegen Anstiftung zum Totschlag gemäß §§ 212, 26 StGB kommt nicht in Betracht. Es lag keine vorsätzlich begangene rechtswidrige Haupttat eines anderen Menschen vor. Lisa beging durch den Schlag mit der Bratpfanne keine vorsätzliche und rechtswidrige Tat.

Olli könnte sich dadurch, daß er dem nach Lisas Schlag mit der Bratpfanne regungslos am Boden liegenden Matthias Steinbrück keine Hilfe leistete, wegen Totschlages durch Unterlassen gemäß §§ 212, 13 StGB strafbar gemacht haben. Eine Strafbarkeit Ollis kommt nur dann in Betracht, wenn der ehemalige Priester nicht unmittelbar nach dem Schlag Lisas mit der Bratpfanne, sondern erst zu einem späteren Zeitpunkt an den Folgen dieses Schlages verstarb. Olli hätte außerdem rechtlich für das Leben Matthias Steinbrücks einstehen müssen (vgl. § 13 StGB). Eine derartige Garantenpflicht ergibt sich zum Beispiel aus dem tatsächlichen Herbeiführen einer Gefahrenlage durch diejenige Person, die entgegen der objektiven Erwartung nichts unternimmt, die Gefahr abzuwenden (sogenannte Ingerenz). Nach der herrschenden Meinung in der Rechtsprechung begründet die Verletzung des Angreifers in Notwehr keine Garantenpflicht aus Ingerenz (vgl. BGHSt 23, Seite 327). Deshalb mußte Olli für das Leben des ehemaligen Pfarrers nicht rechtlich einstehen, weil Lisa Matthias Steinbrück aus Notwehr zugunsten Ollis (Nothilfe) niederschlug. Eine Strafbarkeit Ollis wegen Totschlages durch Unterlassen gemäß §§ 212, 13 StGB scheidet aus.

Olli könnte sich dadurch, daß er Matthias Steinbrück keine Hilfe leistete, wegen unterlassener Hilfeleistung gemäß § 323 c StGB strafbar gemacht haben. Nach dieser Vorschrift wird bestraft, wer bei Unglücksfällen oder gemeiner Gefahr oder Not nicht Hilfe leistet, obwohl dies erforderlich und ihm den Umständen nach zuzumuten, insbesondere ohne erhebliche eigene Gefahr und ohne Verletzung anderer wichtiger Pflichten möglich ist. Ein Unglücksfall ist ein plötzlich eintretendes Ereignis, das eine erhebliche Gefahr für Personen oder Sachen mit sich bringt oder zu bringen droht (vgl. BGHSt 6, Seiten 147, 152). Es ist unerheblich, ob die Gefahrensituation auf einem menschlich unbeeinflußten Geschehen beruht oder von einem Dritten vorsätzlich oder fahrlässig herbeigeführt wurde (vgl. BGHSt 3, Seiten 65, 66). Ein derartiger Unglücksfall bestand deshalb, weil Lisa Matthias mit der Pfanne zu Boden schlug und dieser regungslos liegenblieb. Dies gilt jedoch nur für den Fall, daß Matthias Steinbrück den Schlag Lisas mit der Pfanne überlebte. Ein Unglücksfall im rechtlichen Sinne liegt dann nicht vor, wenn der Verletzte bereits tot ist (vgl. BGHSt 1, Seite 269). Es läßt sich – ohne das Gutachten eines medizinischen Sachverständigen – nicht eindeutig feststellen, ob Matthias nach Lisas Schlag noch lebte. Das Vorliegen eines Unglücksfalles ist nach der Rechtsprechung des Bundesgerichtshofes ein im nachhinein aufklärungsbedürftiger Tatumstand. Läßt sich dieser Nachweis nicht führen, weil die Möglichkeit besteht, daß der Verletzte im fraglichen Zeitraum bereits tot war, muß das Gericht nach dem im deutschen Strafprozeßrecht geltenden Grundsatz, daß ein wegen einer strafbaren Handlung Angeklagter bis zum Zeitpunkt seiner rechtskräftigen Verurteilung als unschuldig gilt (vgl. Artikel 6 Absatz 2 der Konvention zum Schutze der Menschenrechte und Grundfreiheiten (MRK) vom 4. November 1950), von diesem für den Täter günstigeren Sachverhalt ausgehen (vgl. BGHSt 1, Seite 266). Deshalb kommt eine Strafbarkeit Ollis wegen unterlassener Hilfeleistung nur dann in Betracht, wenn in einem Strafverfahren festgestellt werden sollte, daß der ehemalige Priester nach dem Schlag mit der Bratpfanne noch lebte. Für diesen Fall wäre es erforderlich und Olli zumutbar gewesen, dem schwerverletzten Matthias Steinbrück Hilfe zu leisten. Olli hätte ärztliche Hilfe herbeirufen können und müssen. Weiterhin hätte es Olli vorsätzlich unterlassen, Matthias die erforderliche und zumutbare Hilfe zu leisten. Olli hätte rechtswidrig und schuldhaft gehandelt, weil Rechtfertigungs- oder Entschuldigungs- bzw. Schuldausschließungsgründe nicht bestanden. Unter der genannten Voraussetzung hätte sich Olli wegen unterlassener Hilfeleistung gemäß § 323 c StGB strafbar gemacht.

Soweit Matthias Steinbrück bereits tot war, könnte sich Olli dadurch, daß er gemeinsam mit Lisa den ehemaligen Pfarrer mit dem Kopf auf ein Eisenbahngleis legte und Matthias durch einen Güterzug überrollt wurde, wegen Störung der Totenruhe gemäß § 168 StGB strafbar gemacht haben. Nach dieser Vorschrift wird bestraft, wer an einer Leiche beschimpfenden Unfug verübt. Danach müßte Olli grob ungehörig und roh dem verstorbenen Steinbrück einen Schimpf angetan haben (vgl. RGSt 39, Seite 157; vgl. auch RGSt 42, Seite 147). Diese Voraussetzungen liegen nicht vor. Olli wollte durch sein Verhalten eine Selbsttötung des ehemaligen Pfarrers vortäuschen. Deshalb hätte sich Olli, falls Steinbrück zu diesem Zeitpunkt bereits verstorben war, nicht wegen Störung der Totenruhe gemäß § 168 StGB strafbar gemacht.

Soweit Matthias Steinbrück noch lebte, könnte sich Olli dadurch, daß er gemeinsam mit Lisa den schwerverletzten Matthias mit dem Kopf auf ein Eisenbahngleis legte und der ehemalige Priester durch einen Güterzug überrollt wurde, wegen Totschlages in mittelbarer Täterschaft gemäß §§ 212, 25 Absatz 1, 2. Alt. StGB strafbar gemacht haben. Einen Totschlag in mittelbarer Täterschaft begeht derjenige, der durch einen anderen einen Menschen tötet, ohne Mörder zu sein. Dann hätte Olli, begangen durch den Lokomotivführer des Güterzuges, den Tatbestand eines Totschlages verwirklicht. Olli hätte vorsätzlich gehandelt, weil er Matthias Steinbrück durch den Zugführer töten wollte. Schließlich hätte er sich rechtswidrig und schuldhaft verhalten, weil weder Rechtfertigungs- noch Entschuldigungs- bzw. Schuldausschließungsgründe vorlagen. Damit hätte sich Olli unter der genannten Voraussetzung wegen Totschlages in mittelbarer Täterschaft gemäß §§ 212, 25 Absatz 1, 2. Alt. StGB strafbar gemacht.

Durch das genannte Verhalten könnte sich Olli sogar wegen Mordes in mittelbarer Täterschaft gemäß §§ 211, 25 Absatz 1, 2. Alt. StGB strafbar gemacht haben, um damit die vorherige Straftat der unterlassenen Hilfeleistung zu verdecken. Einen Mord in mittelbarer Täterschaft begeht unter anderem derjenige, der durch einen anderen einen Menschen tötet, um eine andere Straftat zu verdecken. Eine andere Straftat in diesem Sinne kann eine unterlassene Hilfeleistung sein. Olli könnte den objektiven Tatbestand eines Mordes in mittelbarer Täterschaft begangen haben. Er hätte vorsätzlich und mit der Absicht, eine andere Straftat zu verdecken, gehandelt. Olli hätte rechtswidrig und schuldhaft diese Straftat begangen, weil weder Rechtfertigungs- noch Entschuldigungs- bzw. Schuldausschließungsgründe bestanden. Deshalb hätte sich Olli unter der genannten Bedingung sogar wegen Mordes in mittelbarer Täterschaft gemäß §§ 211, 25 Absatz 1, 2. Alt. StGB strafbar gemacht.

Olli machte sich dadurch, daß er gemeinsam mit Lisa widerrechtlich in die Wohnung Iffi Zenkers und Momo Sperlings mit Hilfe eines Nachschlüssels eindrang und sich unbefugt darin aufhielt, wegen Hausfriedensbruches gemäß § 123 Absatz 1 StGB strafbar. Diese Straftat wird allerdings nur auf Antrag verfolgt (§ 123 Absatz 2 StGB).

Schließlich machte sich Olli dadurch, daß er gemeinsam mit Lisa in der fremden Wohnung Lebensmittel, die ihnen nicht gehörten, verzehrte, wegen Diebstahls geringwertiger Sachen gemäß §§ 242 Absatz 1, 248 a StGB strafbar. Diese Straftat wird nur auf Antrag verfolgt, es sei denn, daß die Strafverfolgungsbehörde wegen des besonderen öffentlichen Interesses an der Strafverfolgung ein Einschreiten von Amts wegen für geboten hält (§ 248 a StGB). Iffi und Momo blieben als Geschädigte berechtigt, einen Strafantrag – jeder selbständig – zu stellen (§ 77 Absatz 1 und 4 StGB). Allerdings konnte für die zumindest zum Zeitpunkt der Tat erst siebzehnjährige und damit noch beschränkt geschäftsfähige Iffi ihr Vater Andy Zenker als der gesetzliche Vertreter in den persönlichen Angelegenheiten und als Sorgeberechtigter (vgl. §§ 1626 Absatz 1, 1629 Absatz 1 Satz 1 BGB) den Strafantrag stellen (§ 77 Absatz 3 StGB). Sie hätten die Antragsfrist des § 77 b StGB einhalten müssen.

Im Ergebnis machte sich Lisa Hoffmeister nicht strafbar. Olli Klatt hätte sich wegen der vorgetäuschten Selbsttötung des ehemaligen Priesters Matthias Steinbrück nicht strafbar gemacht, falls Matthias unmittelbar nach dem Schlag Lisas mit der Bratpfanne verstarb.

Dagegen hätte sich Olli wegen unterlassener Hilfeleistung gemäß § 323 c StGB strafbar gemacht, falls der frühere Pfarrer erst später an den Folgen dieses Schlags verschied. Weiterhin hätte sich Olli wegen Totschlages in mittelbarer Täterschaft gemäß §§ 212, 25 Absatz 1, 2. Alt. StGB strafbar gemacht, falls Matthias Steinbrück zu dem Zeitpunkt, als ihn der Güterzug überrollte, noch lebte. Unter dieser Voraussetzung hätte sich Olli sogar wegen Mordes in mittelbarer Täterschaft gemäß §§ 211, 25 Absatz 1, 2. Alt. StGB strafbar gemacht. Der Mord stellt einen qualifizierten Fall des Totschlags dar, weil der Mord unter den in § 211 Absatz 2 StGB genannten strafschärfenden Umständen begangen wird. Die unterlassene Hilfeleistung und der Mord stünden in Tatmehrheit gemäß § 53 Absatz 1 StGB zueinander.

Außerdem machte sich Olli in weiterer Tatmehrheit dazu wegen Hausfriedensbruches gemäß § 123 StGB und wegen Diebstahls geringwertiger Sachen gemäß §§ 242, 248 a StGB strafbar. Zwischen diesen Straftaten bestand Tatmehrheit im Sinne des § 53 Absatz 1 StGB.

Mord wird nach der absoluten Strafandrohung des § 211 Absatz 1 StGB stets mit lebenslanger Freiheitsstrafe bestraft. Das Gesetz sieht bei der unterlassenen Hilfeleistung nach § 323 c StGB einen Strafrahmen von Freiheitsstrafe bis zu einem Jahr oder Geldstrafe vor. Beim Diebstahl geringwertiger Sachen beträgt der Strafrahmen Freiheitsstrafe bis zu fünf Jahren oder Geldstrafe, beim Hausfriedensbruch Freiheitsstrafe bis zu einem Jahr oder Geldstrafe.

Fraglich ist, wie Olli wegen dieser Taten bestraft werden könnte. Der am 6. Januar 1976 in Bergheim bei Köln geborene Olli war zur Tatzeit neunzehn Jahre alt und damit Heranwachsender (vgl. § 1 Absatz 2 des Jugendgerichtsgesetzes – JGG). Heranwachsende werden zwar grundsätzlich vom Jugendgericht abgeurteilt (§§ 107 bis 109 JGG). Es bleibt zu prüfen, ob Olli wegen seiner Straftaten nach dem allgemeinen Strafrecht oder nach dem Jugendstrafrecht bestraft werden müßte.

Nach § 105 Absatz 1 JGG wendet der Jugendrichter, soweit ein Heranwachsender eine Verfehlung begeht, die nach den allgemeinen Vorschriften mit Strafe bedroht ist, das Jugendstrafrecht an, wenn die Gesamtwürdigung der Persönlichkeit des Täters bei Berücksichtigung auch der Umweltbedingungen ergibt, daß er zur Zeit der Tat nach seiner sittlichen und geistigen Entwicklung noch einem Jugendlichen gleichstand, oder es sich nach der Art, den Umständen oder den Beweggründen der Tat um eine Jugendverfehlung handelt.

Es ist davon auszugehen, daß Olli zur Zeit der Taten nach seiner sittlichen und geistigen Entwicklung noch einem Jugendlichen gleichstand. Olli stammt aus einfachen Verhältnissen. Nach der Scheidung der Eltern lebte er bei seiner Mutter. Sie drängte ihn aus der Wohnung, als sie einen neuen Freund gefunden hatte. Olli suchte »Geborgenheit« in einer rechtsradikalen Gruppe. Er geriet mit dem Strafgesetz in Konflikt, als er an einem Überfall auf ein Asylbewerberheim teilnahm. Danach lehnten ihn alle »Lindensträßler« mit Ausnahme des reaktionären Franz Wittich ab und verachteten ihn. Für kurze Zeit fand Olli bei Onkel Franz eine Bleibe. Während dieser Zeit verstieß er erneut gegen Strafgesetze. Zum Beispiel überfiel Olli Franz Wittich in seiner Wohnung »Sperlingsruh«. Olli wurde zu einer Jugendstrafe von einem Jahr, die zur Bewährung ausgesetzt wurde, verurteilt. Im Sommer 1995 begann er beim Supermarkt in der »Lindenstraße« eine Ausbildung zum Einzelhandelskaufmann. Olli besuchte ursprünglich mit seinem Freund Klaus Beimer das Gymnasium. Die Schule mußte er abbrechen. Seine Ausbildung zum Einzelhandelskaufmann half ihm dabei, wieder auf den Pfad der Tugend zurückzufinden. Gleichzeitig lernte er im griechischen Restaurant »Akropolis« das dreizehnjährige Heimkind Lisa Hoffmeister kennen. Lisa faßte aufgrund ihrer eigenen Lebensgeschichte rasch Vertrauen zu Olli. Bald blieben Lisa und Olli unzertrennlich. Lisas Mutter, die arbeitslose Lehrerin Dagmar Hoffmeister, lehnte ihre Tochter ab. Dagmar Hoffmeister mißhandelte Lisa mehrmals körperlich. Daraufhin lief Lisa ihrer Mutter im März 1992 davon. Nach Lisas Rückkehr in die »Lindenstraße« übernahm Gabi Zenker die Pflegschaft für das empfindsame und zurückhaltende Mädchen. Seit dem 29. Juli 1993 lebt Lisa Hoffmeister im »Bergler Heim«, Hellensteiner Straße 1–5, 82131 Gauting. Die Lebensgeschichten Ollis und Lisas verbanden die beiden jungen Leute fest miteinander.

Bei Ollis Straftaten handelte es sich um Jugendverfehlungen im Sinne des § 105 Absatz 1 JGG. Deshalb müßte Olli auch nach dem Jugendstrafrecht verurteilt werden.

Bei einer Verurteilung nur wegen unterlassener Hilfeleistung, Hausfriedensbruches und Diebstahls geringwertiger Sachen müßte Olli damit rechnen, daß der Jugendrichter seine Straftaten mit Zuchtmitteln ahnden wird, weil Jugendstrafe nicht geboten ist, dem Jugendlichen aber eindringlich zum Bewußtsein gebracht werden muß, daß er für das von ihm begangene Unrecht einzustehen hat (§ 13 Absatz 1 JGG). Zuchtmittel, die nicht die Rechtswirkung einer Strafe haben, sind die Verwarnung (§ 14 JGG), die Erteilung von Auflagen (§ 15 JGG) und der Jugendarrest (§ 16 JGG). Es kommt wegen der schweren Folgen der Tat nur Jugendarrest in Betracht, weil Olli wegen seiner verschiedenen früheren Straftaten bereits einmal zu einer Jugendstrafe von einem Jahr auf Bewährung verurteilt wurde. Außerdem stand er zum Zeitpunkt der Tat noch »unter Bewährung«. Jugendarrest ist Freizeitarrest, Kurzarrest oder Dauerarrest (§ 16 Absatz 1 JGG). Aus den genannten Gründen müßte Olli damit rechnen, daß der Jugendrichter gegen ihn Dauerarrest verhängen wird. Der Dauerarrest, der in einer Jugendarrestanstalt vollstreckt wird, beträgt mindestens eine Woche und höchstens vier Wochen.

Bei einer Verurteilung Ollis wegen Mordes müßte Olli sogar damit rechnen, daß der Jugendrichter Jugendstrafe verhängen wird. Der Jugendrichter verhängt Jugendstrafe, wenn wegen der schädlichen Neigungen des Jugendlichen, die in der Tat hervorgetreten sind, Erziehungsmaßregeln oder Zuchtmittel zur Erziehung nicht ausreichen oder wenn wegen der Schwere der Schuld Strafe erforderlich ist (§ 17 Absatz 2 JGG). Bei der Jugendstrafe handelt es sich um Freiheitsentzug in einer Jugendstrafanstalt. Das Mindestmaß der Jugendstrafe beträgt sechs Monate, das Höchstmaß fünf Jahre. Handelt es sich bei der Tat um ein Verbrechen, für das nach dem allgemeinen Strafrecht eine Höchststrafe von mehr als zehn Jahren Freiheitsstrafe angedroht ist, so ist das Höchstmaß zehn Jahre (§ 18 Absatz 1 JGG). Deshalb müßte Olli bei einer Verurteilung auch wegen Mordes mit einer Jugendstrafe von bis zu zehn Jahren rechnen. Diese Jugendstrafe könnte nicht zur Bewährung ausgesetzt werden (vgl. § 21 JGG).

Weiterhin müßte Olli aufgrund der früheren Verurteilung mit einem Widerruf der Aussetzung der Jugendstrafe zur Bewährung rechnen. Ein derartiger Widerruf erfolgt dann, wenn der Jugendliche in der Bewährungszeit eine Straftat begeht und dadurch zeigt, daß die Erwartung, die der Strafaussetzung zugrunde lag, sich nicht erfüllt hat (§ 26 Absatz 1 Nr. 1 JGG). Dann müßte Olli auch die wegen seiner früheren Straftaten verhängte Jugendstrafe von einem Jahr verbüßen.

Das Verhalten Lisa Hoffmeisters bietet ein Beispiel für die steigende Kinderkriminalität in der Bundesrepublik Deutschland. In den vergangenen Jahren berichteten die Massenmedien stets häufiger über Kinder als Täter schwerer Straftaten. Strafbares Verhalten in der Kindheit ist weit verbreitet. Kinder unter acht Jahren treten nur selten als Straftäter in Erscheinung. Die höchste Kriminalitätsbelastung weisen Kinder zwischen zehn und vierzehn Jahren auf. Die häufigsten durch Kinder begangenen Straftaten sind Eigentumsdelikte, vor allem Diebstahlsdelikte. Kinder stehlen häufig, um sich Liebe zu erkaufen, indem sie das Gestohlene verschenken (vgl. Armand Mergen, Die Kriminologie. Eine systematische Darstellung, 3. Auflage, München 1995, Seite 207). Lisa stahl in der Vergangenheit Geld aus der Wohnung Berta Grieses, um es ihrem Jugendfreund Manoel Griese zu schenken. Durch diese Geldgeschenke versuchte Lisa, Manoels Liebe zu gewinnen. Manoel erwiderte Lisas Zuneigung nicht. Er besaß nur den Wunsch, in seine mexikanische Heimat zurückzukehren. Deshalb bestritt Manoel mit dem Geld, das ihm Lisa geschenkt hatte, die Kosten seiner Reise nach Mexiko. Die Diebstähle Lisas blieben unentdeckt. Lisa Hoffmeister verübte weitere Diebstahlstaten, die sie nach ihrer Flucht aus der Wohnung ihrer Mutter beging, aus Not, um überleben zu können. Am 12. März 1992 stahl Lisa aus einem Einfamilienhaus am Stadtrand Münchens Lebensmittel. Eine unbekannte Frau beobachtete Lisa bei ihren Diebstahlstaten, konnte sie aber nicht vorläufig festnehmen. Bei diesen Diebstählen handelte es sich um

Straftaten, die Lisa wegen ihrer besonderen häuslichen Bedingungen und des Verhältnisses zu ihrer Mutter beging.

Drei Viertel der tatverdächtigen Kinder werden vor Erreichen der Strafmündigkeit mit vierzehn Jahren nur einmal und davon die Hälfte der Kinder lediglich wegen einer einzigen Straftat polizeilich registriert. Wenige Kinder begehen eine größere Anzahl von Straftaten. Bei schweren, durch Kinder begangenen Straftaten kommen die Opfer häufig aus ihrem gesellschaftlichen Umfeld. Die Ursachen liegen in der Regel im zwischenmenschlichen Bereich. Dies gilt auch für Lisas Verhalten. Es handelte sich um eine typische Konflikttat, als sie Matthias Steinbrück mit der Bratpfanne zu Boden schlug. Zwar beging Lisa bereits am 8. Juli 1993 eine andere Konflikttat. Damals betäubte sie die liebenswürdige alte Dame Amelie von der Marwitz, die sich stets rührend um Lisa kümmerte und die Pflegschaft für ihr »Herzchen« übernehmen wollte, mit Schlaftabletten und fesselte sie mit zerrissenen Bettlaken an ihr Bett. Anschließend zeigte sie ihrer Mutter stolz die an ihr Bett gefesselte Amelie von der Marwitz. Als ihre Mutter sich wegen Lisas Verhalten entsetzt zeigte, antwortete Lisa enttäuscht: »Ich habe das doch nur für dich getan!« Lisa fühlte sich durch Amelies Aufmerksamkeiten erdrückt. Sie hoffte, durch ihre Tat die Liebe ihrer Mutter zu gewinnen. Amelie stellte Dagmar Hoffmeister wegen ihres lieblosen Verhaltens gegenüber Lisa mehrfach zur Rede. Beim Amtsgericht – Vormundschaftsgericht – München bemühte sich Amelie um eine Pflegschaft für Lisa. Das Vormundschaftsgericht lehnte Amelies Antrag auf Übernahme der Pflegschaft wegen ihres fortgeschrittenen Alters von siebenundsiebzig Jahren ab. Trotz dieser – bereits mehr als zwei Jahre zurückliegenden – weiteren Straftat bleibt nicht davon auszugehen, daß Lisa auch im späteren Jugend- und Erwachsenenalter erneut straffällig werden wird. Grundsätzlich läßt sich aber eine Voraussage im Hinblick auf ein späteres strafbares Verhalten bei Kindern nicht oder nur schwer treffen. Straftaten bei Kindern gehören häufig zu ihrem gesellschaftlichen Lernprozeß und zur Kindheit überhaupt.

Die für die sogenannte Kinderkriminalität genannten Grundsätze gelten weitgehend auch für Jugendliche und sogar für Heranwachsende. Für Olli läßt sich mithin keine eindeutige Voraussage im Hinblick auf ein zukünftiges, strafbares Verhalten stellen. Dies gilt insbesondere deshalb, weil nur durch die erforderliche Beweisaufnahme in einem Strafprozeß die Frage beantwortet werden darf, ob und gegebenenfalls wie er wegen der Geschehnisse am 17. August 1995 bestraft werden könnte. Es darf nicht unerwähnt bleiben, daß Olli Klatt nach dem gewaltsamen Tod des Pfarrers Steinbrück sich noch mehrfach strafbar machte. Er beging wiederholt Diebstähle, ohne sich dafür strafrechtlich verantworten zu müssen. Unter anderem stahl er Anfang April 1996 Schokoladenostereier bei seinem Arbeitgeber im Supermarkt. Diese Süßigkeiten verteilte Olli später stolz im Krankenhaus an Hans-Joachim (Hajo) Scholz, der sich dort wegen einer Nierentransplantation aufhielt. Die Transplantation wurde möglich, weil Olli dem schwer erkrankten Hajo eine Niere gespendet hatte. Im Sommer 1996 machte er sich erneut strafbar. Am 20. Juni 1996 reiste Olli mit seinen Stammtischbrüdern Egon und Olaf Kling, Erich Schiller und Hans-Joachim Scholz nach Großbritannien, um die deutsche Nationalmannschaft bei der Fußball-Europameisterschaft in England lautstark zu unterstützen. Schon während der Fahrt mit dem Kleinbus von München nach Calais verschwanden auf unerklärliche Weise Reiseschecks aus Olaf Klings Brieftasche auf Nimmerwiedersehen. Seit dem gemeinsamen Aufenthalt in der englischen Stadt Dover vermißte Egon Kling seine Geldbörse mit einigen hundert Deutschen Mark als Inhalt. Schließlich gingen die fünf Eintrittskarten für das Endspiel der Fußball-Europameisterschaft am 30. Juni 1996 in London aus Erich Schillers Brieftasche verloren. Olli verkaufte diese Eintrittskarten für fünfhundert britische Pfund bei einem Zwischenaufenthalt in Canterbury an eine zwielichtige Person. Es läßt sich zwar vermuten, daß Olli die Eintrittskarten zuvor Erich Schiller aus seiner Brieftasche gestohlen hatte. Olli mußte sich bisher dafür nicht strafrechtlich verantworten. Nach den der-

zeitigen Erkenntnissen könnte Olli diese Straftat nicht nachgewiesen werden. Er behauptete gegenüber seinen Stammtischbrüdern stets, daß ihm seine Mutter den Betrag von fünfhundert Pfund angewiesen habe. Nach dem im deutschen Strafprozeßrecht geltenden Grundsatz, daß ein wegen einer strafbaren Handlung Angeklagter bis zum Zeitpunkt seiner rechtskräftigen Verurteilung als unschuldig gilt (vgl. Artikel 6 Absatz 2 MRK), läßt sich derzeit nicht mit der für eine strafrechtliche Verurteilung erforderliche Sicherheit davon ausgehen, daß Olli diese Eintrittskarten aus Erich Schillers Brieftasche entwendete und sie für fünfhundert Pfund auf dem Schwarzmarkt weiterverkaufte. Dies gilt auch für die verschwundenen Reiseschecks aus Olaf Klings Brieftasche und für Egon Klings abhanden gekommene Geldbörse. Olli Klatt hat auch insoweit bis zum gesetzlichen Nachweis seiner Schuld wegen möglicher strafbarer Handlungen als unschuldig zu gelten. Es bleibt daher zur Zeit abzuwarten, ob sich Olli zukünftig straffrei verhalten wird.

> »Auf deutschem Boden darf nie wieder ein Joint ausgehen!«
>
> (*Wolfgang Neuss*, deutscher Kabarettist,
> Schauspieler, Filmproduzent und
> Schriftsteller; 1923–1989)

# 3  Der Fall Sonia Besirsky und andere: Die »Lindenstraße«, ein Drogenparadies

Zum Alltag einiger Bewohner der »Lindenstraße« gehört auch der Drogengenuß. So nahmen die umtriebige Chris Barnsteg, der Arztsohn Frank Dressler und Franks ehemalige Freundin Sonia Besirsky Rauschdrogen, vor allem Heroin, zu sich. Sonia Besirsky rauchte darüber hinaus Haschisch. Chris, Frank und Sonia waren zeitweise drogenabhängig. Chris Barnsteg gelang es ohne fremde Hilfe, ihre Drogenabhängigkeit zu überwinden. Frank Dressler und Sonia Besirsky benötigten dafür die ärztliche Behandlung durch den Mediziner Dr. Ludwig Dressler. Als Drogenhändler trat in der »Lindenstraße« Robert Engel auf. Mit seinem Roman »Rosa Oktober« blieb Robert auf dem deutschen Büchermarkt erfolglos, was dazu führte, daß Robert zwischen 1990 und 1992 an seinen Freund Frank Dressler regelmäßig Heroin verkaufte. Mit dem Geld, das er durch den Drogenverkauf verdiente, bestritt er weitgehend seinen Lebensunterhalt. Um seine Geschäfte mit dem Rauschgift in der »Lindenstraße« auszuweiten, wollte Robert Engel Ende 1991 auch die vertrauensselige sechzehnjährige Oberschülerin Valerie Zenker drogenabhängig machen. Valerie sollte für ihn arbeiten. Dieses skrupellose Vorhaben mißlang zum Glück, da Valerie Robert belauschen konnte, als dieser seinen schändlichen Plan einem Freund offenbarte. Im Januar 1992 steckte Robert dann dafür von Valeries Vater, dem schlagkräftigen Taxifahrer Andy Zenker, eine gehörige Tracht Prügel ein. Erst der mutigen Beate Sarikakis und ihrer Freundin Urszula Winicki gelang es, dem selbstgefälligen Robert als Drogenhändler endgültig das Handwerk zu legen. Beate und Urszula suchten am 19. November 1992 Robert Engel in seiner Wohnung im Hause Lindenstraße 3 auf. Beate zwang ihn mit vorgehaltener Pistole, sich auszuziehen. Dann knebelten Beate und Urszula den überraschten Robert und fesselten ihn mit den Händen und Füßen an den Pfosten seines Bettes. Später tätowierten sie ihm das Bildnis einer Ratte auf sein Gesäß. Beate und Urszula benachrichtigten die Polizei. Wenig später trafen mehrere Polizeibeamte am Tatort ein. Sie nahmen Robert wegen des Verdachts des Rauschgifthandels vorläufig fest. Robert verschwand hinter Gefängnismauern. Die »Lindensträßler« erfuhren keine Einzelheiten über das Strafverfahren. Robert tauchte bislang nicht wieder in der »Lindenstraße« auf. Daraus läßt sich schließen, daß er zu einer mehrjährigen Freiheitsstrafe verurteilt wurde.

Else Kling brachte im November 1992 in ihrem Reisekoffer Rauschgift aus dem Urlaub im Fürstentum Monaco mit, ohne daß sie etwas über den tatsächlichen Inhalt dieses Koffers wußte. Else handelte arglos, weil sie glaubte, daß sich in diesem Koffer ihre Kleider befänden. Ihr Koffer wurde bei der Reisegepäckabfertigung auf dem Flughafen mit dem Koffer eines unbekannten Drogenhändlers vertauscht. Else Kling blieb über jeden Verdacht, Rauschgift nach Deutschland geschmuggelt zu haben, erhaben. Sie wollte bei ihrem Besuch in Monaco lediglich auf den Spuren des Fürstengeschlechts der Grimaldi wandeln und vor allem Prinzessin Caroline aus der Nähe bewundern. Für Rauschgift interessierte sie sich nicht. Deshalb hätte Else Kling nicht wegen eines Drogendelikts bestraft werden können.

Einige Bewohner der »Lindenstraße« machten nicht nur Erfahrungen mit den Erscheinungsformen der Drogenkriminalität, sondern auch mit den gesundheitsgefährdenden Wirkungen des Drogenmißbrauchs. Ein namentlich nicht benannter Freund Frank Dresslers setzte sich im Jahre 1990 durch eine Überdosis Heroin den »goldenen Schuß«. Die Polizei fand ihn auf dem U-Bahnhof Münchner Freiheit mit einer Spritze im Arm tot auf. Im Frühjahr 1996 nahm sich ein drogenabhängiger Freund Sonia Besirskys namens Gruftie das Leben.

Weiterhin ging es in der »Lindenstraße« nicht nur um die Erfahrungen einiger Bewohner mit ungesetzlichen Rauschdrogen, sondern auch mit grundsätzlich nicht verbotenen Arzneimitteln. Bei Berta Griese trat im Jahre 1993 eine Arzneimittelabhängigkeit auf. Sie ließ sich wegen ständig wiederkehrender Schlafstörungen von einem Arzt namens Dr. Freier Psychopharmaka verschreiben.

Schließlich nahmen verschiedene Bewohner der »Lindenstraße« Genußdrogen zu sich.

Einige »Lindensträßler« tranken im Übermaß Alkohol. Alkoholschwierigkeiten traten bei Chris Barnsteg, bei Dr. Ludwig Dressler und bei Franz Schildknecht auf. Während Chris Barnsteg ihre Sorgen mit billigem Gin bekämpfte, griff Dr. Dressler meistens zur Cognacflasche. Franz Schildknecht betrank sich mit Bier und Schnaps. Die Wirkungen des Alkohols kamen mehrfach zum Ausdruck. Chris Barnsteg brach im Treppenhaus des Hauses Lindenstraße 3 betrunken zusammen und blieb dort hilflos liegen. Ihr späterer Freund Frank Dressler torkelte im volltrunkenen Zustand durch die »Lindenstraße«. Der achtzehnjährige Benny Beimer betrank sich im Restaurant »Akropolis« aus Gram darüber, daß seine Freundin Kornelia Harnisch Timo Zenker schöne Augen machte. Die Mitglieder des Stammtisches zechten hemmungslos im »Akropolis« und während der Fußball-Europameisterschaft in englischen Gaststätten. Der obdachlose Trunkenbold Harry zog bettelnd durch die »Lindenstraße«.

Als Kettenraucher fielen die fahrige Ärztin Dr. Eva-Maria Sperling und der grobschlächtige Hausmeister Egon Kling auf.

Zu den Drogen zählen nicht nur die Betäubungsmittel im Sinne des Gesetzes über den Verkehr mit Betäubungsmitteln (Betäubungsmittelgesetz – BtMG) vom 1. März 1994, sondern auch die erlaubten Genußdrogen Alkohol und Tabak. Zahlreiche berauschende oder suchtbildende Stoffe unterliegen nicht dem Betäubungsmittelgesetz, sondern als Lebensmittel, Genußmittel, Pflegemittel, Reinigungsmittel, Riechstoffe oder Insektenvertilgungsmittel dem Gesetz über den Verkehr mit Lebensmitteln, Tabakerzeugnissen, kosmetischen Mitteln und sonstigen Bedarfsgegenständen (Lebensmittel- und Bedarfsgegenständegesetz – LMBG), als Arzneimittel dem Arzneimittelgesetz (AMG) oder als Pflanzenschutzmittel dem Gesetz zum Schutz der Kulturpflanzen (Pflanzenschutzgesetz – PflSchG). Weitere Stoffe bleiben durch keine gesetzlichen Regelungen erfaßt.

Betäubungsmittel im Sinne des Betäubungsmittelgesetzes sind die in den Anlagen I bis III dieses Gesetzes aufgeführten Stoffe und Zubereitungen (§ 1 Absatz 1 BtMG). Stoff ist nach § 2 Absatz 1 Nr. 1 BtMG eine Pflanze, ein Pflanzenteil oder ein Pflanzenbestandteil in bearbeitetem oder unbearbeitetem Zustand sowie eine chemische Verbindung und deren Ester, Ether, Isomere, Molekülverbindungen und Salze – roh oder gereinigt – sowie deren natürlich vorkommende Gemische und Lösungen. Zubereitung ist ohne Rücksicht auf ihren Aggregatzustand ein Stoffgemisch oder die Lösung eines oder mehrere Stoffe außer den natürlich vorkommenden Gemischen und Lösungen (§ 2 Absatz 1 Nr. 2 BtMG).

Die Einstufung der Betäubungsmittel in die Anlagen I bis III des Betäubungsmittelgesetzes richtet sich nach ihrer Verwendbarkeit in der pharmazeutischen Industrie und in der Medizin. Es läßt sich von der Einstufung der Betäubungsmittel in diese Anlagen I bis III streng die allgemeine Unterscheidung einzelner Betäubungsmittel nach ihrer Gefährlichkeit und ihrer Suchtmöglichkeit in harte und weiche Drogen unterscheiden. Bei den harten Drogen handelt es sich um diejenigen Betäubungsmittel, die eine körperliche Abhängigkeit verursachen. Dazu zählen Heroin, Morphium und Opium. Dagegen ziehen die weichen Drogen entweder keine oder nur eine seelische Abhängigkeit nach sich. Bei einem längeren Mißbrauch weicher Drogen bleibt mit schweren gesundheitlichen Schäden zu rechnen. Zu den weichen Drogen rechnen Haschisch (Cannabisharz), Marihuana (Cannabis) und LSD (Lysergid). Das Betäubungsmittelgesetz unterscheidet nicht ausdrücklich zwischen harten und weichen Drogen. Bei der Strafzumessung durch die Gerichte kann diese Unterscheidung dennoch bedeutsam bleiben.

Die Anlage I des Betäubungsmittelgesetzes umfaßt die nicht verkehrsfähigen Stoffe. Chris Barnsteg, Sonia Besirsky und Frank Dressler nahmen mit Heroin und Haschisch nicht verkehrsfähige Stoffe im Sinne dieser Anlage zu sich. Es handelt sich um gesundheitsschädliche Stoffe, die für medizinische Zwecke ungeeignet und in der Regel ungesetzlich im Verkehr sind. Sie dürfen nach § 13 Absatz 1 Satz 3 BtMG nicht verschrieben, nicht verabreicht und nicht zum unmittelbaren Verbrauch überlassen werden. Bei diesen Stoffen handelt es sich außer um Heroin (Diamorphin) und Haschisch (Cannabisharz) vor allem um Marihuana (Cannabis), Lysergid (LSD) und Meskalin. Der Verkehr mit diesen Stoffen bleibt nur ausnahmsweise zulässig. Diese Ausnahmen betreffen die Stoffe aus Hanfpflanzen (Cannabispflanzen). Dazu gehören Haschisch und Marihuana. Hanfanbau findet in den Vereinigten Staaten (im Bundesstaat Kalifornien), in Kolumbien, Zentralafrika, der Türkei, im Iran, in Afghanistan, Pakistan, Indien und in Thailand statt. Hanfpflanzen dürfen bei der Rübenzüchtung gesät und gepflanzt werden, soweit sie vor der Blüte vernichtet werden und soweit der Verkehr mit diesen Pflanzen – mit Ausnahme des Anbaus – dem Gewinnen oder dem Verarbeiten der Pflanzenfasern für gewerbliche Zwecke dient. Dabei geht es vor allem um die Herstellung der Seile, des Segeltuchs und der Sackstoffe aus Hanfpflanzen. Heroin läßt sich aus Schlafmohn herstellen. Schlafmohn wächst in der Türkei, im Libanon, im Iran, in Afghanistan, in Pakistan, in Birma, in Thailand und in Laos.

In der Anlage II des Betäubungsmittelgesetzes bleiben die verkehrsfähigen Betäubungsmittel zusammengefaßt, die sich nur in der pharmazeutischen Industrie als Rohstoffe, Grundstoffe, Halbsynthetika und Zwischenprodukte verwenden lassen. Die verkehrsfähigen Betäubungsmittel dürfen nur mit einer Erlaubnis des Bundesinstitutes für Arzneimittel und Medizinprodukte (früher: Bundesgesundheitsamt) im Sinne des § 3 Absatz 1 BtMG in den Verkehr gebracht werden. Bei diesen Stoffen handelt es sich unter anderem um Cocablätter, Codein und Schlafmohn. Die in Anlage II des Gesetzes bezeichneten Betäubungsmittel dürfen grundsätzlich nicht verschrieben, verabreicht oder einem anderen zum unmittelbaren Verbrauch überlassen werden (§ 13 Absatz 1 Satz 3 BtMG). Zubereitungen, die nur eine geringe Menge eines Betäubungsmittels der Anlage II des Gesetzes enthalten, dürfen als ausgenommene Zubereitungen im Sinne des § 2 Absatz 1 Nr. 2 BtMG auch verschrieben werden. Dies gilt beispielsweise für Codein als Bestandteil eines Hustensaftes. Die in Anlage II des Betäubungsmittelgesetzes aufgeführten Stoffe spielten in der »Lindenstraße« bisher keine Rolle.

Die Anlage III des Betäubungsmittelgesetzes enthält die verkehrs- und verschreibungsfähigen Betäubungsmittel. Zu diesen Stoffen gehören insbesondere Amphetamin, Kokain, Methadon, Morphin, Opium und Tilidin als der Wirkstoff des Schmerzmittels Valoron.

Kokain läßt sich aus dem Cocastrauch gewinnen. Der Cocastrauch gedeiht in Peru, Bolivien, Ecuador und in Kolumbien. Die in der Anlage III des Betäubungsmittelgesetzes bezeichneten Betäubungsmittel dürfen grundsätzlich nur durch Ärzte verschrieben, im Rahmen einer ärztlichen Behandlung verabreicht oder einer anderen Person zum unmittelbaren Verbrauch überlassen werden, wenn ihre Anwendung am oder im menschlichen Körper begründet ist. Dies ist nicht der Fall, wenn der beabsichtigte Zweck auf andere Weise erreicht werden kann (§ 13 Absatz 1 Satz 1 und 2 BtMG). Dem in dieser Anlage eingeordneten Methadon kommt als Ersatzdroge für Heroin – auch in der »Lindenstraße« – Bedeutung zu. Methadon dient auch dazu, dem Rauschgiftabhängigen einen Ausstieg aus der Kriminalität zu ermöglichen.

Dr. Ludwig Dressler entschloß sich im Januar 1995, am Methadonprogramm in Bayern teilzunehmen. In Bayern dürfen Ärzte seit 1988 die Ersatzdroge Methadon bei rauschgiftabhängigen Patienten verschreiben und anwenden. Es gibt in den einzelnen Bundesländern und im benachbarten Ausland eine Vielzahl unterschiedlicher Methadonprogramme. Methadon soll die Schwierigkeiten des Rauschgiftsüchtigen, sich Betäubungsmittel zu beschaffen, überbrücken, die ihm durch Mangel an Geld oder Drogen entstehen. Bei der Behandlung mit Methadon unterliegt der Arzt strengen Verschreibungsbeschränkungen. Die Einzelheiten ergeben sich aus der Verordnung über das Verschreiben, die Abgabe und den Nachweis des Verbleibs von Betäubungsmitteln (Betäubungsmittel-Verschreibungsverordnung – BtMVV) vom 16. September 1993. Dr. Dressler behandelte unter diesen Voraussetzungen seine heroinabhängige Patientin Sonia Besirsky mit Methadon. Sonia wurde am 6. Juni 1964 in Olching geboren. Sie ist eine ehemalige Freundin Frank Dresslers. Ende des Jahres 1994 tauchte sie erstmals als Patientin in der Arztpraxis auf. Die »Lindensträßler« erfuhren bisher nur wenig über Sonias Lebensumstände. Sie arbeitete als Aushilfskraft in einem Schallplattenladen und dann in einer Imbißstube. Ende Juni 1996 begann Sonia Besirsky eine Liebesbeziehung mit Tanja Schildknecht-Dressler. Kurz darauf beendete Sonia ihre Methadonbehandlung bei Dr. Dressler. Sie wollte die Behandlung mit Methadon bei einem anderen Arzt weiterführen.

Die weltweite Ächtung der Rauschmittel begann zu Beginn dieses Jahrhunderts auf den internationalen Opium-Konferenzen in Schanghai (1909), Den Haag (1912) und Genf (1925). Das internationale Opiumabkommen aus dem Jahre 1912 (Haager Abkommen) verpflichtete die Vertragsstaaten, die Herstellung von und den Handel mit Opium und Kokain gesetzlich zu regeln, um dadurch einen Mißbrauch zu verhindern.

Dieses Abkommen erklärte Heroin zum verschreibungspflichtigen Betäubungsmittel. Es folgten weitere internationale Abkommen zur Beschränkung, Überwachung und Bekämpfung der Herstellung von und des Handels mit Rauschdrogen.

In den zwanziger Jahren kam es in Deutschland erstmals in einem bedeutenden Umfang zum Gebrauch der Rauschdroge Kokain. Künstler und Angehörige der Oberschicht schnupften es in deutschen Großstädten, besonders in Berlin. Andere Rauschdrogen blieben in Deutschland fast unbekannt. Den Nationalsozialisten gelang es nach ihrer Machtübernahme im Jahre 1933 in kurzer Zeit, den Kokainmißbrauch in Deutschland durch staatliche Aufsichtsmaßnahmen zu unterdrücken. Bis zur Mitte der sechziger Jahre spielte der Drogenmißbrauch und damit die Drogenkriminalität in der Bundesrepublik Deutschland nur eine untergeordnete Rolle.

Dagegen kam es in den Vereinigten Staaten bereits in den fünfziger und sechziger Jahren zu einer Drogenwelle, die sich erst allmählich auf Westeuropa auswirkte. Das internationale Einheitsabkommen über Suchtstoffe (Single Convention on Narcotic Drugs) vom 30. März 1961 sollte dieser Entwicklung Einhalt gebieten. Die Vertragsstaaten verpflichteten sich, die Drogensucht zu bekämpfen und grenzüberschreitend zusammenzuarbeiten, um dieses Ziel zu erreichen. In den westlichen Staaten gab es eine Gegenkultur. Seit Anfang der sechziger Jahre forderte der ehemalige Dozent für Psychologie an der Harvard University in Cambridge (im amerikanischen Bundesstaat Massachusetts), Timothy Leary (1921–1996), Studenten und andere junge Menschen öffentlich dazu auf, Rauschdrogen, vor allem Lysergid (LSD), zu gebrauchen, um das menschliche Bewußtsein zu erweitern. Verschiedene internationale Pop- und Rockmusiker erweckten durch ihre Lieder den Eindruck, daß nur der Gebrauch bestimmter Rauschdrogen einen uneingeschränkten Musikgenuß bewirken könne und daß es Drogen bedürfe, um die gestrige Welt zu überwinden. Mehrere bekannte Musiker starben nach Drogenmißbrauch. Bei diesen Drogenopfern handelte es sich um Brian Jones (1969), Janis Joplin (1970), Jimmi Hendrix (1970), Jim Morrison (1971), Elvis Presley (1977) und Sid Vicious (1979).

Ende der sechziger Jahre erreichte die Drogenwelle auch die Bundesrepublik Deutschland. Im Jahre 1972 ersetzte das Gesetz über den Verkehr mit Betäubungsmitteln (Betäubungsmittelgesetz – BtMG) vom 22. Dezember 1971 das bis dahin geltende Opiumgesetz. Es sollte, nach den Beweggründen des Gesetzgebers, »der Rauschgiftwelle in der Bundesrepublik Deutschland Einhalt gebieten und damit große Gefahren von den Einzelnen und der Allgemeinheit abwenden« (vgl. BT-Drucksache VI/1877, Seite 5). Es ging dem Gesetzgeber des Betäubungsmittelgesetzes um die vollständige Kontrolle des erlaubten und die Unterdrückung des verbotenen Drogenverkehrs. Trotzdem nahm die Zahl der Drogentoten und der wegen Rauschgiftdelikten Verurteilten in den siebziger und achtziger Jahren nicht ab, sondern stieg ständig an. Die Ursache dafür lag einerseits in persönlichen Problemen der Betroffenen, andererseits in einer Zunahme gesellschaftlicher Mißstände. Deshalb beschritt der Gesetzgeber einen neuen Weg im Betäubungsmittelrecht. Das Gesetz über den Verkehr mit Betäubungsmitteln (Betäubungsmittelgesetz – BtMG) vom 28. Juli 1981 brachte erhebliche Strafverschärfungen im Bereich der schweren Rauschgiftkriminalität. Für den Bereich der kleinen und mittleren Betäubungsmittelkriminalität schuf der Gesetzgeber für die Straftäter, deren Taten auf einer Rauschgiftabhängigkeit beruhten, unter dem Gesichtspunkt der Rehabilitation die Möglichkeit, auf die Strafvollstreckung zu verzichten (vgl. §§ 35, 36 BtMG) oder von der Anklageerhebung und Verurteilung abzusehen (vgl. § 37 BtMG). Im Rahmen des § 31 BtMG sollte durch Strafmilderung oder Absehen von Strafe bei Tätern, durch deren Mitteilungen Rauschgiftdelikte aufgedeckt oder schwere Betäubungsmittelstraftaten verhindert werden, geständigen und reumütigen Tätern geholfen, die Auftraggeber und Hinterleute ausgeschaltet und die internationalen Rauschgifthandelsorganisationen eingedämmt werden. Durch das neue Betäubungsmittelgesetz gelang es vorübergehend, die ansteigende Zahl der Drogenabhängigen und Drogentoten einzudämmen, das Netz der Therapieeinrichtungen auszubauen sowie die festgenommenen und verurteilten Rauschgiftabhängigen unter Verzicht auf Strafvollstreckung rasch einer geeigneten Therapie zuzuführen (vgl. Harald Hans Körner, Betäubungsmittelgesetz. Kommentar, 3. Auflage, München 1990, Einleitung, Rn. 8). Der internationale Drogenhandel breitete sich unbeeindruckt von den Strafandrohungen weiter aus. Angesichts dieser Tatsache sah der Gesetzgeber in der Folgezeit davon ab, die Strafbarkeit weicher Drogen abzuschaffen.

Das Bundesverfassungsgericht entschied in seinem Beschluß vom 9. März 1994 aufgrund einer Vorlage nach Artikel 100 Absatz 1 GG des Landgerichtes Lübeck, daß der Gesetzgeber auch den Erwerb weicher Drogen unter Strafe stellen dürfe (vgl. BVerfG NJW 1994, Seiten 1588 bis 1590). Ein Recht auf Rausch, wie es das vorlegende Landgericht Lübeck angenommen habe, bestehe nicht. Der Gleichheitssatz des Artikels 3 Absatz 1 GG gebiete es auch nicht, alle möglicherweise gleich schädlichen Drogen zu verbieten oder zuzulassen. Der Gesetzgeber habe deshalb den Umgang mit Cannabisprodukten wegen seiner Gefährlichkeit unter Strafe zu stellen, den Umgang mit Alkohol oder Nikotin aber straffrei lassen zu dürfen. Im Rahmen dieser Abwägung ließ das Bundesverfassungsgericht in seiner Entscheidung erkennen, daß nicht ohne weiteres der Gebrauch der Cannabisdrogen mit dem Mißbrauch des Alkohols gleichgesetzt werden könne, wenn auch die nach dem gegenwärtigen Wissensstand durch die Cannabisdrogen ausgehende Gefährdung geringer sei als bei Schaffung des Betäubungsmittelgesetzes angenommen. Es verblieben aber auch nach dem jetzigen Erkenntnisstand nicht unbeträchtliche Gefahren und Risiken, so daß die Gesamtvorstellung des Gesetzes, die umfassende

Kontrolle des Umgangs mit Cannabisdrogen, seine weitere Strafbarkeit erfordere.

Die Vorschriften des Betäubungsmittelgesetzes bedrohen in ihren §§ 29 bis 32 BtMG den Rauschmittelmißbrauch mit Strafe. Es lassen sich die unmittelbare und die mittelbare Beschaffungskriminalität, die Folgekriminalität, der Kleinhandel mit Rauschmitteln sowie der Erwerb der Rauschmittel zum Eigenbedarf unterscheiden (vgl. Hans-Dieter Schwind, Kriminologie. Eine praxisorientierte Einführung mit Beispielen, Grundlagen Kriminologie. Die Schriftenreihe der »Kriminalität«, Band 28, Heidelberg 1986, § 22, Rn. 17). Zur unmittelbaren Beschaffungskriminalität gehören diejenigen Straftaten, die der Täter deshalb begeht, um Rauschmittel zu erlangen. Bei diesen Straftaten handelt es sich beispielsweise um Apothekeneinbrüche, um Einbrüche in Arztpraxen und pharmazeutische Lager sowie um Rezeptfälschungen. Diese Straftaten dienen erstens dazu, daß sich der Täter Drogen zum Eigenbedarf beschafft. Zweitens, um sich Drogen zu beschaffen, die er dann auf der Drogenszene handelt oder lagert, um sie bei Gelegenheit verkaufen zu können. Drittens dienen diese Straftaten dem Täter dazu, sich sowohl Drogen zum Eigenbedarf als auch zum Verkauf auf der Drogenszene zu beschaffen.

Um einen Fall der unmittelbaren Beschaffungskriminalität handelte es sich, als der neunzehnjährige Frank Dressler am 26. Juni 1986 aus den Räumen der Arztpraxis seines Vaters Betäubungsmittel entwendete. Die Betäubungsmittel stahl Frank mit Hilfe eines Nachschlüssels aus dem verschlossenen Medikamentenschrank. Bei diesem Diebstahl überraschte ihn die allgegenwärtige Putzfrau Else Kling, die in Dr. Dresslers Praxis sauber machte. Frank Dressler schlug Else Kling mit einem Bügeleisen nieder und flüchtete mit den weggenommenen Betäubungsmitteln aus den Praxisräumen. Else Kling erlitt durch Franks Schlag eine äußere Kopfverletzung und eine Gehirnerschütterung. Sie lag einige Tage in einem Krankenhaus. Else Klings Vernehmung als Zeugin durch Beamte der Kriminalpolizei fand am 3. Juli 1986 im Krankenhaus statt. Sie erkannte Frank Dressler als den Täter wieder. Aufgrund Else Klings Zeugenaussage nahmen Polizeibeamte Frank Dressler vorläufig fest, obwohl sein Vater ihm zur Flucht verhelfen wollte. Frank saß einige Zeit in Untersuchungshaft. Am 14.

August 1986 fand der Strafprozeß gegen Frank Dressler statt. Frank wurde zu einer Freiheitsentziehung von zwei Jahren und sechs Monaten verurteilt. Es läßt sich nicht feststellen, ob Franks Verurteilung zu einer Freiheitsstrafe nach dem Erwachsenenstrafrecht (vgl. §§ 38, 39 StGB) oder zu einer Jugendstrafe nach dem Jugendstrafrecht (vgl. §§ 17, 18 JGG) erfolgte. Der zum Zeitpunkt der Tat neunzehnjährige Frank hätte als Heranwachsender im Sinne des § 1 Absatz 2 JGG nach dem Jugendstrafrecht verurteilt werden dürfen, wenn die Gesamtwürdigung seiner Persönlichkeit bei Berücksichtigung auch der Umweltbedingungen ergeben hätte, daß er zur Zeit der Tat nach seiner sittlichen oder geistigen Entwicklung noch einem Jugendlichen gleichstand oder es sich nach der Art, den Umständen oder den Beweggründen der Tat um eine Jugendverfehlung gehandelt hätte (vgl. § 105 Absatz 1 JGG). Am 16. April 1987 wurde Frank auf Bewährung aus der Strafhaft entlassen. Er kehrte in den Kreis der »Lindensträßler« zurück.

Um einen Fall der unmittelbaren Beschaffungskriminalität handelte es sich auch, als die arzneimittelabhängige Berta Griese am 21. Oktober 1993 einen Einbruchsdiebstahl beging. An diesem Tag besuchte Berta ihre Mutter Lydia Nolte im Seniorenheim »Haus Tannenhöhe« in Garmisch-Partenkirchen. Bei dieser Gelegenheit drang die ansonsten so brave Berta in das Medikamentenzimmer des Seniorenheimes ein und entwendete aus einem verschlossenen Glasschrank, den sie aufbrach, nicht näher bezeichnete Arzneimittel. Diese Medikamente nahm Berta zu sich, um sich von ihrer Niedergeschlagenheit zu befreien. Beim Aufbrechen des Medikamentenschrankes verletzte sie sich an der Hand. Trotzdem gelang es ihr, jeden Verdacht einer Täterschaft von sich abzulenken. Berta blieb als Täterin unentdeckt. Ihr Verhalten zog weder strafrechtliche noch zivilrechtliche Folgen nach sich. Dabei hätte Berta aufgrund ihres Verhaltens wegen eines besonders schweren Falls des Diebstahls gemäß §§ 242 Absatz 1, 243 Absatz 1, Satz 2, Nr. 2 StGB bestraft werden können. Der gesetzliche Strafrahmen beträgt bei einer Verurteilung wegen Diebstahls im besonders schweren Fall Freiheitsstrafe von drei Monaten bis zu zehn Jahren (vgl. § 243 Absatz 1 Satz 1 StGB). Für den Fall, daß es sich bei den gestohlenen Arzneimitteln um geringwertige Sachen im Sinne des § 248 a StGB gehandelt hätte (der Wert der entwendeten Arzneimittel hätte dann den Geldbetrag von 70,00 DM bis 80,00 DM nicht übersteigen dürfen), hätte sich Berta Griese nur wegen Diebstahls gemäß § 242 Absatz 1 StGB strafbar gemacht. Dies folgt aus § 243 Absatz 2 StGB. Danach ist auch im Fall des § 243 Absatz 1 Nr. 2 StGB ein besonders schwerer Fall des Diebstahls ausgeschlossen, wenn sich die Tat auf eine geringwertige Sache bezieht. Der Diebstahl gemäß § 242 Absatz 1 StGB sieht als Strafrahmen Freiheitsstrafe bis zu fünf Jahren oder Geldstrafe vor. Bei den Fällen der unmittelbaren Beschaffungskriminalität spielt die strafrechtliche Verantwortlichkeit des Täters häufig eine Rolle. Die Verantwortlichkeit bleibt dann ausgeschlossen, wenn der Täter im Zustand einer schweren körperlichen Abhängigkeit unter körperlichen Entzugserscheinungen eine Straftat verübte. In einem derartigen Fall kann beim Täter eine Schuldunfähigkeit im Sinne des § 20 StGB vorliegen und damit ein Schuldausschließungsgrund bestehen, so daß eine Bestrafung des Täters ausscheidet. Nach § 20 StGB handelt ohne Schuld, wer bei Begehung der Tat wegen einer krankhaften seelischen Störung, wegen einer tiefgreifenden Bewußtseinsstörung oder wegen Schwachsinns oder einer schweren anderen seelischen Abartigkeit unfähig ist, das Unrecht der Tat einzusehen oder nach dieser Einsicht zu handeln. Sollte ein Fall der Schuldunfähigkeit des Täters gemäß § 20 StGB nicht vorliegen, seine strafrechtliche Verantwortlichkeit zum Zeitpunkt der Tat aber eingeschränkt gewesen sein, kann nach § 21 StGB eine Strafmilderung in Betracht kommen. Nach § 21 StGB kann, falls die Fähigkeit des Täters, das Unrecht der Tat einzusehen oder nach dieser Einsicht zu handeln, aus einem der in § 20 StGB bezeichneten Gründe bei Begehung der Tat erheblich vermindert ist, die Strafe nach § 49 Absatz 1 StGB gemildert werden. Die Frage, ob bei dem Täter zum Zeitpunkt der Tat die erforderliche strafrechtliche Verantwortlichkeit vorlag, läßt sich im Strafverfahren nur schwer feststellen. Bei auch nicht durch Sachverständigengutachten behebbaren Zweifeln an der erforderlichen strafrechtlichen Verantwortlichkeit muß das Strafgericht in den Fällen der §§ 20, 21 StGB zugunsten des Täters entscheiden (vgl. BGHSt 3, Seite 173; BGHSt 8, Seite 124). Berta dürfte aufgrund ihrer Arzneimittelabhängigkeit zum Zeitpunkt der Tat schuldunfähig (vgl. § 20 StGB) oder zumindest vermindert schuldfähig (vgl. 21 StGB) gewesen sein. Die Frage ihrer Schuldfähigkeit müßte im Strafverfahren durch ein ärztliches Gutachten festgestellt werden. Anhaltspunkte dafür, daß Bertas strafrechtliche Verantwortlichkeit zum Zeitpunkt der Tat gemäß § 20 StGB ausgeschlossen oder gemäß § 21 StGB zumindest vermindert war, ergaben sich aus ihrem hemmungslosen Tatverhalten. Deshalb hätte Berta Griese möglicherweise wegen Schuldunfähigkeit gemäß § 20 StGB vom Vorwurf des Diebstahls im besonders schweren Fall oder des Diebstahls freigesprochen werden müssen oder das Gericht hätte im Fall ihrer Verurteilung die Strafe nach § 21 StGB wegen verminderter Schuldfähigkeit gemäß § 49 Absatz 1 StGB mildern können. Bei der nicht vorbestraften Berta Griese hätte die Staatsanwaltschaft auch ohne Anklageerhebung das Strafverfahren mit Zustimmung des zuständigen Gerichts – auch beim Erfüllen bestimmter Auflagen und Weisungen – einstellen können, wenn sie davon ausgegangen wäre, daß Bertas Schuld gering gewesen wäre und kein öffentliches Interesse an der Strafverfolgung bestanden hätte (vgl. § 153 Absatz 1 StPO und § 153 a Absatz 1 StPO). Das Gericht hätte die Möglichkeit gehabt, nach Anklageerhebung mit Zustimmung der Staatsanwaltschaft und der Angeschuldigten Berta Griese das Verfahren gemäß § 153 Absatz 2 StPO oder § 153 a Absatz 2 StPO einzustellen. Obwohl sich Berta Griese wegen dieses Einbruchsdiebstahls nicht strafrechtlich verantworten mußte, blieb ihre Arzneimittelabhängigkeit nicht dauerhaft unentdeckt. Am Silvesterabend des Jahres 1993 brach Berta, nachdem sie die Medikamente verbraucht hatte, aufgrund ihrer körperlichen und seelischen Abhängigkeit mit schweren Entzugserscheinungen zusammen. Sie wurde in ein Krankenhaus eingeliefert. Nach einem längeren Aufenthalt im Krankenhaus begab sie sich in psychotherapeutische Behandlung.

Berta ist heute nicht mehr arzneimittelabhängig. Der Fall Berta Griese bildet ein anschauliches Beispiel dafür, daß im Bereich der unmittelbaren Beschaffungskriminalität das Dunkelfeld der Straftaten hoch bleibt.

Zur mittelbaren Beschaffungskriminalität gehören dagegen diejenigen Straftaten, die der Täter begeht, um Geldmittel für den Erwerb bestimmter Rauschmittel zu erhalten. Es handelt sich dabei zum Beispiel um Diebstähle aller Art, um Betrug und um Raub. Auch im Bereich der mittelbaren Beschaffungskriminalität bleibt das Dunkelfeld der Straftaten hoch. In der »Lindenstraße« beging der zeitweise drogenabhängige Frank Dressler in diesem Zusammenhang verschiedene Straftaten. Frank stahl seinem Vater, mit dem er im Haus Lindenstraße 7 zusammenlebte, wiederholt Bargeld und Wertgegenstände. Damit erwarb er bei dem zwielichtigen Robert Engel Rauschmittel, vornehmlich Heroin. Außerdem beschaffte sich Frank das für den Erwerb dieser Rauschmittel notwendige Bargeld durch Tätigkeiten, die er im Bereich des Münchner Hauptbahnhofs ausübte. Dadurch, daß Frank Dressler seinem Vater wiederholt Bargeld und Wertgegenstände entwendete, beging er mehrfach einen Diebstahl gemäß § 242 Absatz 1 StGB. Dabei handelte es sich um Haus- und Familiendiebstähle im Sinne des § 247 StGB. Diese Diebstahlstaten werden, um den Familienfrieden zu wahren und persönliche Beziehungen durch das Eingreifen der Strafverfolgungsbehörden von Amts wegen nicht zu beeinträchtigen, nur auf Antrag verfolgt. Da Franks Vater diese Straftaten nicht anzeigte und keinen Strafantrag gegen seinen Sohn stellte, konnte Frank Dressler nicht bestraft werden.

Unter der sogenannten Folgekriminalität lassen sich diejenigen Straftaten, die unter dem Einfluß verbotener Drogen erfolgen, verstehen. Straftaten der Folgekriminalität begingen zwei drogenabhängige Freunde Sonia Besirskys, die am 31. August 1995 in Dr. Dresslers Arztpraxis die Sprechstundenhelferin Berta Griese und den Patienten Egon Kling ohne ersichtlichen Grund beleidigten und die Praxisräume verschmutzten.

Kleinhandel mit Rauschmitteln betreiben die Straftäter, die Betäubungsmittel in kleinen Mengen abgeben. Diese Abgabe erfolgt, indem die Täter die Rauschdrogen regelmäßig verkaufen. Den Kleinhandel mit Rauschmitteln betrieb in der »Lindenstraße« der frühere Student und Freund Carsten Flöters, Robert Engel. Dadurch, daß Robert Engel sich in der »Lindenstraße« als Drogenhändler betätigte und mit Betäubungsmitteln, insbesondere mit Heroin, in kleinen Mengen Handel trieb, könnte er sich gemäß § 29 Absatz 1 Nr. 1 BtMG strafbar gemacht haben. Nach dieser Vorschrift wird mit Freiheitsstrafe bis zu fünf Jahren oder mit Geldstrafe bestraft, wer unter anderem mit Betäubungsmitteln unerlaubt Handel treibt. Unter Handeltreiben lassen sich alle eigennützigen Bemühungen des Täters verstehen, die sich darauf richten, den Umsatz mit Betäubungsmitteln zu ermöglichen oder zu fördern. Handeltreiben liegt schon dann vor, wenn es lediglich um eine einmalige, gelegentliche oder auch nur vermittelnde Tätigkeit geht (vgl. BGH StV 1986, Seite 527; BGH NJW 1986, Seite 2896). Eigennützig ist eine Tätigkeit, wenn das Handeln des Täters sich durch das Streben nach Gewinn leiten läßt oder wenn sich der Täter einen anderen persönlichen Vorteil davon verspricht. Robert Engel trieb im Sinne des § 29 Absatz 1 Nr. 1 BtMG Handel mit Betäubungsmitteln. Dieses Handeltreiben geschah unerlaubt. Robert Engel besaß die nach § 3 Absatz 1 BtMG erforderliche Erlaubnis des Bundesinstituts für Arzneimittel und Medizinprodukte nicht. Nach dieser Bestimmung ist der Verkehr mit Betäubungsmitteln grundsätzlich nur dann gesetzmäßig, wenn das Bundesinstitut für Arzneimittel und Medizinprodukte dazu vorab die Erlaubnis erteilte. Ohne diese Erlaubnis bleibt der Verkehr mit Betäubungsmitteln nicht nur verboten, sondern nach den Vorschriften der §§ 29 bis 30 a BtMG auch strafbar. Dadurch, daß Robert Engel in der »Lindenstraße« mit Betäubungsmitteln unerlaubt Handel trieb, machte er sich gemäß § 29 Absatz 1 Nr. 1 BtMG strafbar. Eine Strafbarkeit Frank Dresslers wegen unerlaubten Handeltreibens gemäß § 29 Absatz 1 Nr. 1 BtMG durch den Ankauf der Betäubungsmittel scheidet aus. Kein Handeltreiben ist der Erwerb der Betäubungsmittel zum Eigenverbrauch (vgl. BGHSt 29, Seiten 239, 240 = BGH NJW 1980, Seite 2204; BGH StV 1981, Seite 238). Franks Strafbarkeit ergibt sich aus § 29 Absatz 1 Nr. 3 BtMG wegen unerlaubten Besitzes der Betäubungsmittel.

Zu den Stoffen, die sich durch keine gesetzlichen Bestimmungen erfassen lassen, gehört die Rauschdroge Alkohol. Diese Droge kann

im Falle des Mißbrauchs beim Menschen sowohl eine körperliche als auch eine seelische Abhängigkeit erzeugen.

Am Beispiel des ehemaligen Realschullehrers und späteren Kunstmalers Franz Schildknecht wurden in der »Lindenstraße« die Folgen des Alkoholmißbrauchs deutlich. Franz Schildknecht suchte nach harten Schicksalsschlägen Zuflucht im Alkohol. Zuerst betrog ihn seine Ehefrau Henny mit Stefan Nossek, dem selbstbewußten Tennislehrer ihrer Tochter Tanja. Später unterhielt Stefan Nossek auch eine Liebesbeziehung mit Tanja Schildknecht. Henny versuchte vergeblich, sich mit Franz auszusöhnen. Aufgrund der erlittenen Kränkungen sah sich Franz Schildknecht dazu außerstande. Ihre Kinder Tanja und Meike begegneten Henny ablehnend. Am 29. Januar 1987 setzte die inzwischen schwermütige und vereinsamte Henny Schildknecht im Alter von achtunddreißig Jahren ihrem freudlosen Dasein durch Alkohol und Tabletten ein Ende.

Zwei Monate später stellten die Ärzte bei Meike Schildknecht eine Leukämie-Erkrankung fest. Meike wehrte sich tapfer, aber erfolglos. Auch Tanjas Knochenmarkspende half Meike nicht, ihre Krankheit zu besiegen. Sie starb am 9. Juli 1987. Damit verlor der unglückliche Franz Schildknecht innerhalb eines halben Jahres seine Ehefrau und seine geliebte Tochter. Erst durch die verständnisvolle Lehrerin Vera Sash erhielt er neuen Lebenswillen. Vera zog im Sommer 1988 zu Franz Schildknecht ins Haus Lindenstraße 3. Franz gab Ende desselben Jahres seinen Lehrerberuf auf. Er arbeitete seither als freier Kunstmaler, zeitweise als Wäschefahrer. Ostern 1989 heirateten Franz und Vera. Gemeinsam bezogen sie ein Haus in der Toskana. Die Ehe zwischen Franz und Vera scheiterte. Franz kehrte in die »Lindenstraße« zurück. Er wohnte vorübergehend bei seiner Tochter Tanja im Haus Lindenstraße 3. Franz Schildknecht verlor allmählich jeden Halt und verelendete zunehmend. Seinen Beruf als Kunstmaler übte er wegen seiner erneut aufgetretenen Alkoholprobleme nicht mehr aus. Schließlich warf Tanja ihren Vater, den sie anfangs liebevoll versorgt hatte, entnervt aus der Wohnung. Franz Schildknecht brach am Heiligen Abend des Jahres 1992 betrunken auf dem Hinterhof des Hauses Lindenstraße 3 zusammen. Keiner der Anwohner der »Lindenstraße« kümmerte sich um den hilflosen Franz. Am Abend des 31. Dezember 1992 fand die aus dem Urlaub auf den Malediven zurückgekehrte Tanja Schildknecht ihren Vater erfroren vor Zorro Pichelsteiners Wohnwagen auf.

Trotz der am Beispiel des Todes des Kunstmalers Franz Schildknecht dargestellten Folgen des Alkoholgenusses verbieten die meisten Staaten der Welt diese Rauschdroge nicht. Eine Ausnahme gilt für einige Staaten des islamischen Kulturkreises. In den Vereinigten Staaten von Amerika ließ sich die zwischen 1920 und 1933 geltende Prohibition nicht aufrechterhalten.

In der Bundesrepublik Deutschland besteht ein eingeschränktes Alkoholverbot nach dem Gesetz zum Schutze der Jugend in der Öffentlichkeit (Jugendschutzgesetz – JÖSchG) vom 25. Februar 1985. Nach § 4 Absatz 1 dieses Gesetzes dürfen in Gaststätten, in Verkaufsstellen oder sonst in der Öffentlichkeit Branntwein, branntweinhaltige Getränke oder Lebensmittel, die Branntwein in nicht nur geringfügiger Menge enthalten, an Kinder und Jugendliche sowie andere alkoholische Getränke an Kinder und Jugendliche unter sechzehn Jahren weder abgegeben noch darf ihnen der Verzehr gestattet werden. Ordnungswidrig handelt nach § 12 Absatz 3 JÖSchG, wer als Veranstalter oder Gewerbetreibender vorsätzlich oder fahrlässig entgegen § 4 Absatz 1 JÖSchG ein alkoholisches Getränk oder Lebensmittel an ein Kind oder einen Jugendlichen abgibt oder ihm den Verzehr gestattet. Diese Ordnungswidrigkeit kann mit einer Geldbuße bis zu dreißigtausend Deutsche Mark geahndet werden. Mit Freiheitsstrafe bis zu einem Jahr oder mit Geldstrafe wird bestraft, wer als Veranstalter oder Gewerbetreibender eine in § 12 Absatz 1 JÖSchG bezeichnete vorsätzliche Zuwiderhandlung begeht und dadurch wenigstens leichtfertig ein Kind oder einen Jugendlichen in seiner körperlichen, geistigen oder sittlichen Entwicklung schwer gefährdet oder eine in § 12 Absatz 1 JÖSchG bezeichnete vorsätzliche Zuwiderhandlung aus

Gewinnsucht begeht oder beharrlich wiederholt (§ 12 Absatz 4 JÖSchG).

In der »Lindenstraße« fielen Kinder und Jugendliche auf, die im Übermaß alkoholische Getränke zu sich nahmen. Helga Beimer, ihr Lebensgefährte Erich Schiller und Else Kling fanden am 30. Januar 1992 den erst dreizehnjährigen Klaus Beimer im betrunkenen Zustand im Haus Lindenstraße 3 auf. Die Abgabe alkoholischer Getränke an Klaus Beimer stellte einen Verstoß gegen das eingeschränkte Alkoholverbot gemäß § 4 Absatz 1 JÖSchG dar. Es handelte sich um einen Ausnahmefall, daß Klaus Beimer betrunken war. Deshalb machte sich seine sorgeberechtigte Mutter nicht gemäß § 170 d StGB wegen Verletzung der Fürsorge- oder Erziehungspflicht strafbar. Nach dieser Vorschrift wird unter anderem bestraft, wer seine Fürsorge- oder Erziehungspflicht gegenüber einer Person unter sechzehn Jahren gröblich verletzt und dadurch den Schutzbefohlenen in die Gefahr bringt, in seiner körperlichen oder seelischen Entwicklung erheblich geschädigt zu werden. Diese Voraussetzungen liegen nicht vor. Helga Beimer verletzte ihre Fürsorge- oder Erziehungspflicht gegenüber Klaus nicht. Sie versuchte im Gegenteil, mit ihrer übertriebenen mütterlichen Sorge jedes eigenständige Verhalten des Sohnes zu unterdrücken.

Schließlich kann auch die Genußdroge Tabak im Fall des Mißbrauchs beim Menschen zu einer körperlichen und seelischen Abhängigkeit führen. Die gesundheitlichen Folgen des Tabakgenusses zeigen sich in einer früheren Sterblichkeit und einer erhöhten Krankheitsanfälligkeit. Die Lebenserwartung der Raucher sinkt im Durchschnitt um fünf Jahre bei zwanzig Zigaretten täglich und um acht Jahre bei einem Tagesverbrauch von vierzig Zigaretten. Dies läßt sich auf eine deutliche Zunahme der Gefäßkrankheiten und des Krebses zurückführen (vgl. Albrecht Brühl, Drogenrecht. Informationen für Betroffene und Helfer, München 1992, Seiten 8, 9). Trotz dieser Gesundheitsgefahren raucht die Ärztin Dr. Eva-Maria Sperling weiterhin. Dadurch schädigt sie nicht nur sich selbst, sondern auch ihre Familienangehörigen. Bei Passivrauchern, das heißt bei Nichtrauchern, die sich dem Rauchen am Arbeitsplatz oder in Wohnungen aussetzen müssen, lassen sich ebenfalls gesundheitliche Auswirkungen beobachten. Kinder von Rauchern weisen eine höhere Sterblichkeit und eine größere Zahl von Mißbildungen auf (vgl. Albrecht Brühl, Drogenrecht. Informationen für Betroffene und Helfer, a.a.O., Seite 9).

Zeitweise Verbote des Tabakgenusses, beispielsweise eine päpstliche Bulle, die den Geistlichen das Rauchen untersagte, verhinderten die Verbreitung des Tabaks ebensowenig wie den Preis der Tabakerzeugnisse belastende Steuern (vgl. Albrecht Brühl, a.a.O., Seite 9).

Ein eingeschränktes Tabakverbot besteht nach § 9 JÖSchG. Nach dieser Vorschrift darf das Rauchen in der Öffentlichkeit Kindern und Jugendlichen unter sechzehn Jahren nicht gestattet werden. Ordnungswidrig handelt, wer als Veranstalter oder Gewerbetreibender vorsätzlich oder fahrlässig entgegen § 9 JÖSchG einem Kind oder Jugendlichen unter sechzehn Jahren in der Öffentlichkeit das Rauchen gestattet (§ 12 Absatz 1 Nr. 14 JÖSchG). Kinder und Jugendliche rauchten in der »Lindenstraße«. Dies stellte einen Verstoß gegen das eingeschränkte Tabakverbot gemäß § 9 JÖSchG dar.

# 4 Der Fall Mary Dankor und andere: Ausländer in der »Lindenstraße«

Die Bewohner der »Lindenstraße« bilden eine multikulturelle Gesellschaft. In einer multikulturellen Gesellschaft leben Angehörige verschiedener Abstammung, Sprache, Herkunft und Religionszugehörigkeit als die Mehrheit und die verschiedenen Minderheiten in unmittelbarer Nachbarschaft miteinander oder nebeneinander. In der Bundesrepublik Deutschland leben etwa sieben bis acht Millionen ausländische Staatsangehörige aus insgesamt einhundertdreizehn Herkunftsländern. Dazu kommen Personen mit einer ungeklärten oder unbekannten Staatsangehörigkeit und Staatenlose. Bei der zahlenmäßig größten Gruppe ausländischer Staatsangehöriger handelt es sich um Arbeitnehmer aus den europäischen Nachbarstaaten. Nach dem Zusammenbruch des Realsozialismus zogen zunehmend Arbeitnehmer aus Mittel- und Osteuropa, aus den Nachfolgestaaten der ehemaligen Sowjetunion und aus den außereuropäischen Anrainerstaaten des Mittelmeeres nach Deutschland. Seit Ende der achtziger Jahre kommen auch zahlreiche Asylbewerber in die Bundesrepublik Deutschland. Schließlich leben Aussiedler aus Mittel- und Osteuropa sowie aus den Nachfolgestaaten der ehemaligen Sowjetunion hier.

In der »Lindenstraße« lebten oder leben zahlreiche Ausländer verschiedener Nationalitäten. Es zogen beispielsweise Dominique und Jean-Luc Mourrait aus Frankreich, Chromo Hoyanda aus Ghana, Elena, Panaiotis und Vasily Sarikakis aus Griechenland, Enrico und Natale Pavarotti sowie ihre Mitarbeiter im Restaurant »Casarotti« aus Italien, Erich Schiller und seine Tochter Patricia Wolfson (früher: Patricia Doolittle) aus Kanada, Manoel Griese aus Mexiko, Mary Dankor aus Nigeria, Stefan Nossek und Gabi Zenker (geborene Skabowski und verwitwete Zimmermann) aus Österreich, Irina, Jaruszlav, Wanda und Urszula Winicki aus Polen, David Motibe aus Südafrika oder Gung Pham Kien aus Vietnam in die bekannte Münchner Straße.

Nach § 1 Absatz 2 des Gesetzes über die Einreise und den Aufenthalt von Ausländern im Bundesgebiet (Ausländergesetz – AuslG) vom 9. Juli 1990 ist derjenige Ausländer, der nicht Deutscher im Sinne des Artikels 116 Absatz 1 des Grundgesetzes (GG) ist. Das Ausländergesetz bestimmt die Rechtsstellung der in der Bundesrepublik Deutschland lebenden Ausländer. Dieses Gesetz trat an die Stelle des Ausländergesetzes vom 28. April 1965. Dieses Ausländergesetz regelte erstmals die Rechtsstellung der in Deutschland lebenden Ausländer. Damit trug der Gesetzgeber der Bevölkerungsentwicklung der fünfziger und sechziger Jahre Rechnung. Seit Mitte der fünfziger Jahre nahm der Anteil der ausländischen Bevölkerung stetig zu. Es bestand in der Landwirtschaft und im Baugewerbe Westdeutschlands ein Arbeitskräftemangel. Im Jahre 1960 überstieg die Zahl der offenen Stellen die Zahl der Arbeitslosen. Die Bundesregierung beschloß, um ein weiteres Wirtschaftswachstum nicht durch einen Arbeitskräftemangel zu gefährden, verstärkt ausländische Arbeitnehmer zu beschäftigen. Seit dem Jahre 1955 vereinbarte die Bundesrepublik Deutschland mit anderen europäischen und einigen nordafrikanischen Staaten völkerrechtliche Verträge, um ausländische Arbeitnehmer für die deutsche Wirtschaft anzuwerben und zu vermitteln. Deshalb kamen seit 1955 aus Italien, seit 1960 aus Griechenland und aus Spanien, seit 1963 aus Marokko, seit 1964 aus der Türkei und aus Portugal, seit 1965 aus Tunesien und seit 1968 aus dem damaligen Jugoslawien ausländische Arbeitskräfte. Die griechischen Gastwirtseheleute Elena und Panaiotis Sarikakis kamen mit ihrem Sohn Vasily im Jahre 1963 zur Arbeitsaufnahme nach Deutschland. Der Gesetzgeber des Ausländergesetzes aus dem Jahre 1965 sah die Einwanderung als einen vorübergehenden Zustand an. Die Zahl der ausländischen Arbeitnehmer stieg bis zum Jahre 1973 auf etwa zweieinhalb Millionen an. Am 23. November 1973 verfügte die Bundesregierung, als sich in Deutschland ein Rückgang des wirtschaftlichen Wachstums (Rezession) mit einer drohenden Arbeitslosigkeit abzeichnete, den auch heute noch gültigen Anwerbestopp für ausländische Arbeitskräfte.

Außer als Arbeitnehmer halten sich Ausländer in der Bundesrepublik Deutschland wie Jean-Luc Mourrait als Touristen, wie Patricia Wolfson als Studenten, wie Dominique Mourrait als Schüler, wie David Motibe und Chromo Hoyandas Ehemann als Auszubildende, wie Mary Dankor als Ehepartner eines Deutschen, wie Gung Pham Kien als Kontingentflüchtlinge oder wie bis zu seiner Abschiebung Mary Dankors Freund John als ungesetzlicher Ausländer auf.

Obwohl § 1 Absatz 2 AuslG den Begriff des Ausländers bestimmt, stellt sich die Frage, wer zum Personenkreis der Ausländer gehört. Diese Frage läßt sich erst beantworten, wenn feststeht, wer Deutscher im Sinne des Artikels 116 Absatz 1 GG ist.

Deutscher in diesem Sinne ist, vorbehaltlich anderer gesetzlicher Regelung, wer die deutsche Staatsangehörigkeit besitzt oder als Flüchtling oder Vertriebener deutscher Volkszugehörigkeit oder als dessen Ehegatte oder Abkömmling in dem Gebiete des Deutschen Reiches nach dem Stande vom 31. Dezember 1937 Aufnahme gefunden hat. Der Besitz der deutschen Staatsangehörigkeit bestimmt sich nach den Vorschriften des Reichs- und Staatsangehörigkeitsgesetzes (RuStAG) vom 22. Juli 1913. Nach § 3 RuStAG wird die deutsche Staatsangehörigkeit durch Geburt (§ 4 RuStAG), durch Heirat der Eltern eines nichtehelich geborenen Kindes – Legitimation – (§ 5 RuStAG), durch Annahme als Kind – Adoption – (§ 6 RuStAG) oder für einen Ausländer durch Einbürgerung (§§ 8 bis 10 RuStAG) erworben. Die Staatsangehörigkeit eines Landes erlangt eine Person in der Regel mit der Geburt. Dabei lassen sich zwei Grundsätze unterscheiden. Die Staatsangehörigkeit des Kindes richtet sich beim Abstammungsgrundsatz nach der Staatsangehörigkeit seiner Eltern. Der Territorialgrundsatz knüpft an den Geburtsort des Kindes an. Der Abstammungsgrundsatz gilt nach § 4 Absatz 1 RuStAG in Deutschland. Dieser Grundsatz herrscht in den meisten mitteleuropäischen Staaten vor. Belgien, die Niederlande, Großbritannien, Portugal und Spanien gewähren den Kindern ausländischer Eltern, die in diesen Staaten geboren wurden, die Staatsangehörigkeit, sofern weitere Voraussetzungen vorliegen. Es muß beispielsweise ein Elternteil des Kindes in diesem Staat zur Welt gekommen sein. In den Vereinigten Staaten, in den meisten anderen überseeischen Einwanderungsländern und in Frankreich gilt der Territorialgrundsatz. Kinder, die in diesen Staaten zur Welt kommen, erwerben kraft Gesetzes die Staatsangehörigkeit. Deshalb erhielt die am 4. Mai 1970 in Paris geborene Dominique Mourrait, unabhängig von der Staatsangehörigkeit ihrer Eltern, die französische Staatsangehörigkeit.

Nach § 4 Absatz 1 RuStAG erwirbt ein eheliches Kind die deutsche Staatsangehörigkeit durch die Geburt, wenn ein Elternteil die deutsche Staatsangehörigkeit besitzt. Deshalb erhielten die drei ehelichen Kinder Marion, Benny und Klaus Beimer die deutsche Staatsangehörigkeit, weil ihre Eltern Helga und Hans Beimer Deutsche sind. Ein nichteheliches Kind erwirbt durch die Geburt die deutsche Staatsangehörigkeit, wenn seine Mutter Deutsche ist. Aus diesem Grund erhielt der am 12. Mai 1994 in München nichtehelich geborene Nicolai Zenker die deutsche Staatsangehörigkeit, weil seine Mutter, die Schülerin Iffi Zenker, Deutsche ist. Dagegen erwarben die am 18. Oktober 1990 in Bad Reichenhall und die am 5. September 1996 in München nichtehelich geborenen Kinder Irina und Paula Winicki nicht die deutsche Staatsangehörigkeit, weil ihre Mutter, die Friseuse Urszula Winicki, Polin ist.

Für den seltenen Fall des Findelkindes gilt ausnahmsweise der Territorialgrundsatz (§ 4 Absatz 2 RuStAG). Das Findelkind gilt bis zum Beweis des Gegenteils als deutscher Staatsangehöriger. Obwohl sich in der »Lindenstraße« häufig Ungewöhnliches ereignete, ein Findelkind gab es bisher nicht.

Bei einer nach den deutschen Gesetzen wirksamen Annahme (Adoption) eines minderjährigen Kindes, das zum Zeitpunkt des Annahmeantrages das achtzehnte Lebensjahr noch nicht vollendet hat, erhält dieses Kind die deutsche Staatsangehörigkeit, wenn der Annehmende oder bei annehmenden Ehepaaren ein Ehepartner die deutsche Staatsangehörigkeit besitzt (§ 6 RuStAG). Auf diese Weise erwarb Manoel Griese die deutsche Staatsangehörigkeit. Manoel Griese wurde am 3. Februar 1979 in Mexiko-City geboren. Er wuchs dort als Waise in einem Kinderheim auf. Im Sommer 1987 vermittelte das Kinderhilfswerk »Terre des Hommes« Manoel zur Annahme als Kind (Adoption) an das deutsche Ehepaar Berta und Gottlieb Griese. Manoels Adoption erfolgte am 24. September 1987. Er lebte fortan bei den Eheleuten Griese im Hause Lindenstraße 3. Mit seinem besten Freund Klaus Beimer verübte er zahlreiche Streiche. Sie ärgerten und foppten – später gemeinsam mit Iffi Zenker – die Hausmeisterin Else Kling. Obwohl sich Berta Griese und Lydia Nolte rührend um sein Wohl bemühten, Lisa Hoffmeister sich sogar in ihn verliebte, überwand Manoel sein Heimweh nach Mexiko nie. Er weigerte sich, in München weiterhin die Schule zu besuchen und verließ im Dezember 1994 auf eigene Faust Deutschland. Manoel kehrte wieder in seine mexikanische Heimat zurück, um dort als Bauer in der Landwirtschaft zu arbeiten.

Ausländische Staatsangehörige oder Staatenlose können die deutsche Staatsangehörigkeit auf Antrag durch Einbürgerung erwerben. Die Einbürgerung setzt voraus, daß der Antragsteller unbeschränkt geschäftsfähig ist, einen unbescholtenen Lebenswandel geführt hat, an dem Ort seiner Niederlassung eine eigene Wohnung oder ein Unterkommen gefunden hat und an diesem Orte sich und seine Angehörigen zu ernähren imstande ist (§ 8 RuStAG). Es besteht kein Rechtsanspruch auf Einbürgerung. Vielmehr liegt es im pflichtgemäßen Ermessen der Einbürgerungsbehörde, ob sie dem Antrag auf Einbürgerung stattgibt. Nach den Einbürgerungsrichtlinien des Bundesministers des Inneren vom 15. Dezember 1977 muß die Behörde prüfen, ob der Antragsteller »einen wertvollen Bevölkerungszuwachs darstellt« und ob sich bei ihm »eine freiwillige Hinwendung zu Deutschland, Grundkenntnisse unserer staatlichen Ordnung und ein Bekenntnis zur freiheitlichen demokratischen Grundordnung« feststellen läßt. Die Eheleute Elena und Panaiotis Sarikakis hätten nach § 8 RuStAG die deutsche Staatsangehörigkeit erwerben können. Sie ließen sich jedoch nicht in Deutschland einbürgern. Im August 1996 kehrten Elena und Panaiotis Sarikakis nach Griechenland zurück.

Nach § 9 Absatz 1 RuStAG sollen ausländische Ehegatten deutscher Staatsangehöriger unter den Voraussetzungen des § 8 RuStAG eingebürgert werden, wenn sie ihre bisherige Staatsangehörigkeit verlieren oder aufgeben und gewährleistet ist, daß sie sich in die deutschen Lebensverhältnisse einordnen, es sei denn, daß der Einbürgerung erhebliche Belange der Bundesrepublik Deutschland, insbesondere solche der äußeren oder inneren Sicherheit sowie der zwischenstaatlichen Beziehungen entgegenstehen. Nach dieser Bestimmung hätte der italienische Restaurantinhaber Enrico Pavarotti die deutsche Staatsangehörigkeit erwerben können. Der am 9. Januar 1936 in Neapel geborene Enrico Pavarotti lernte im Sommer 1988 die junge Witwe Isolde Panowak auf der Adriainsel Ischia kennen. Isolde und Enrico verliebten sich ineinander und heirateten im November 1988 auf Ischia. Anfang des Jahres 1989 kehrte Isolde mit ihrem Enrico alias »Topolino« (»Mäuschen«) nach München zurück. Sie bezogen eine Wohnung im Haus Lindenstraße 3. Der allseits beliebte Enrico Pavarotti wirkte stets lebensfroh und heiter. Valerie Zenker bezeichnete ihn zutreffend als den »freundlichsten Menschen«, den sie jemals kennengelernt habe. Dabei mußte Enrico in München einige harte Schicksalsschläge hinnehmen. Seine Pizzeria in Gottlieb Grieses ehemaligem Kiosk ging im Mai 1991 in Flammen auf. Später betrog ihn Isolde, seine »Bella gioia« (»Schöne Freude«), mit dem windigen Fernsehproduzenten Knut Magirus. Enrico mußte als stolzer Inhaber des vornehmen Restaurants »Casarotti« seit Mitte 1994 monatlich Schutzgeld an die italienische Mafia zahlen. Schließlich erlitt er am 16. November 1995 auf der Fahrt zur Hochzeitsfeier Helga Beimers und Erich Schillers bei einem Busunglück lebensgefährliche Verletzungen und kam nicht wieder zu Bewußtsein. An den Folgen dieses Busunglücks starben mit Enrico Pavarotti, Benny Beimer, Dieter Rantzow und Hubert Koch vier Bewohner der »Lindenstraße«. Zwar beatmeten und ernährten die in einem Münchner Krankenhaus behandelnden Ärzte Enrico länger als ein halbes Jahr künstlich. Diese ärztlichen Rettungsmaßnahmen blieben vergeblich. Am 25. Juli 1996 starb Enrico Pavarotti. Seine Ehefrau Isolde brach eigenmächtig und ohne Wissen der Ärzte die lebensverlängernden Maßnahmen ab. Nach Enricos letztem Willen ließ Isolde Pavarotti seine Asche bei Ischia ins Meer streuen.

Nach § 10 RuStAG erwirbt das nichteheliche Kind eines deutschen Vaters und einer ausländischen Mutter die deutsche Staatsangehörigkeit durch Einbürgerung, soweit eine nach den deutschen Gesetzen wirksame Feststellung der Vaterschaft vorliegt, sich das Kind seit drei Jahren rechtmäßig in der Bundesrepublik Deutschland aufhält und es den Antrag auf Einbürgerung vor Vollendung des dreiundzwanzigsten Lebensjahres stellt. Nach dieser Rechtsvorschrift hätte der am 5. März

1987 in München geborene Max Zenker (früher: Max Zimmermann) die deutsche Staatsangehörigkeit erwerben können. Max Zenkers leiblicher Vater, der verschlagene Lehramtsstudent und spätere Hauseigentümer Phil Seegers, besitzt die deutsche Staatsangehörigkeit. Max Zenkers Mutter, Gabi Zenker, besitzt die österreichische Staatsangehörigkeit. Gabi Zenker und Phil Seegers, die beide in der Wohngemeinschaft im Haus Lindenstraße 3 wohnten, unterhielten im Mai 1986 für kurze Zeit ein Liebesverhältnis, aus dem Max hervorging. Zu einem Antrag auf Einbürgerung des Kleinen gemäß § 10 RuStAG kam es nicht. Gabi wollte Phil wegen seiner zahlreichen Liebschaften mit jungen Mädchen nicht mehr wiedersehen. Phil mußte aus der Wohngemeinschaft ausziehen. Im Februar 1987 heiratete Gabi ihren Jugendfreund und späteren Lebensgefährten Benno Zimmermann. Als Max einen Monat später zur Welt kam, sorgte Gabi dafür, daß Phil mit seinem Sohn keinen Umgang pflegen durfte. Benno Zimmermann nahm Max als Kind an. Dadurch erwarb Max Zimmermann gemäß § 6 RuStAG die deutsche Staatsangehörigkeit.

Ein junger Ausländer im Alter zwischen sechzehn und dreiundzwanzig Jahren hat nach § 85 AuslG einen Rechtsanspruch auf erleichterte Einbürgerung, wenn er seine bisherige Staatsangehörigkeit aufgibt oder verliert, seit acht Jahren rechtmäßig seinen gewöhnlichen Aufenthalt im Bundesgebiet hatte, sechs Jahre im Bundesgebiet eine Schule, davon mindestens vier Jahre eine allgemeinbildende Schule besuchte, und nicht wegen einer Straftat verurteilt wurde. Außerdem ist ein Ausländer, der seit fünfzehn Jahren rechtmäßig seinen gewöhnlichen Aufenthalt im Bundesgebiet hatte, auf seinen Antrag einzubürgern, wenn er seine bisherige Staatsangehörigkeit aufgibt oder verliert, nicht wegen einer Straftat verurteilt wurde und den Lebensunterhalt für sich und seine unterhaltsberechtigten Familienangehörigen ohne Inanspruchnahme der Sozial- oder Arbeitslosenhilfe bestreiten kann. Nach dieser Vorschrift hätte der am 14. Februar 1963 in Saloniki (Griechenland) geborene Vasily Sarikakis die deutsche Staatsangehörigkeit erwerben können. Vasily beging zwar bereits eine Straftat, mußte sich deshalb aber nicht vor einem Gericht verantworten. Am 23. Februar 1989 überfuhr er mit einem Kraftfahrzeug, in dem sich gestohlene Videorekorder befanden, in der »Lindenstraße«

Dr. Ludwig Dressler, verletzte ihn schwer und beging Fahrerflucht. Der durch diesen Verkehrsunfall querschnittsgelähmte Dr. Dressler nahm seine Strafanzeige gegen Vasily zurück. Vasily gilt daher als nicht vorbestraft.

Aussiedler sind keine Ausländer, sondern Deutsche. Dies ergibt sich aus Artikel 116 Absatz 1 GG und aus den §§1 und 6 des Gesetzes über die Angelegenheiten der Vertriebenen und Flüchtlinge (Bundesvertriebenengesetz – BVFG) vom 2. Juni 1993. Artikel 116 Absatz 1 GG versteht unter Deutschen sowohl deutsche Staatsangehörige als auch im Gebiet des Deutschen Reiches nach dem Stande vom 31. Dezember 1937 aufgenommene deutsche Volkszugehörige sowie deren Ehegatten und Kinder.

Zu dem Personenkreis der deutschen Volkszugehörigen im Sinne des Artikels 116 Absatz 1 GG gehörten die früh verstorbenen Eheleute Philomena (Philo) und Josef (Joschi) Bennarsch. Die beiden herzensguten Zeitgenossen stammten aus Teblitz-Schönau in Böhmen. Dort wurden Philo im Jahre 1912 und Joschi im Jahre 1907 geboren. Damals unterstand Böhmen noch der Herrschaft Österreich-Ungarns. Nach dem Zerfall der Habsburger Monarchie entstand am 28. Oktober 1918 in Prag im wesentlichen aus den Gebieten Böhmen, Mähren und der Slowakei der neue Staat Tschechoslowakei. Im Jahre 1937 heirateten Philo und Joschi. Ein Jahr später kam ihr Sohn Paul (Paulchen) zur Welt. In diesem Jahr mußte die Tschechoslowakei aufgrund des völkerrechtswidrigen Münchner Abkommens vom 29. September 1938 die von Deutschen besiedelten Randgebiete Böhmens, Mährens und Schlesiens innerhalb weniger Tage räumen und an Deutschland abtreten. Der Einmarsch deutscher Truppen in Prag am 15. März 1939 und die Bildung des Reichsprotektorats Böhmen und Mähren bedeutete das Ende eines unabhängigen Staates Tschechoslowakei. Nach dem Ende des Zweiten Weltkrieges erfolgte die Vertreibung der deutschen Bevölkerung aus der am 5. April 1945 als sozialistische Volksrepublik ausgerufenen Tschechoslowakei. Erst im Jahre 1954 siedelten Philo und Joschi Bennarsch nach München über. Dort arbeitete Joschi als Bestattungsgehilfe auf einem Friedhof. Außerdem betrieb er zum Ärger des zwanghaften Spießers Siegfried Kronmayr einen kleinen Handel mit Honig, Kräutern, Steinöl und »Heimaterde«. Joschi Bennarsch starb am 13. November 1986 an den Folgen eines Herzinfarkts. Seine treue Ehefrau Philo überlebte ihn nur um etwas mehr als ein Jahr. Sie starb am 11. Februar 1988. Bei den Eheleuten Bennarsch handelte es sich um Vertriebene im Sinne des § 1 Absatz 2 Nr. 3 BVFG. Zu diesem Personenkreis gehört, wer als deutscher Staatsangehöriger oder deutscher Volkszugehöriger nach Abschluß der allgemeinen Vertreibungsmaßnahmen vor dem 1. Juli 1990 oder danach im Wege des Aufnahmeverfahrens vor dem 1. Januar 1993 die Tschechoslowakei verlassen hat oder verläßt. Die deutsche Volkszugehörigkeit der Eheleute Bennarsch ergab sich aus § 6 Absatz 1 BVFG. Sie bekannten sich in ihrer Heimat zum deutschen Volkstum, indem sie dieses Bekenntnis durch bestimmte Merkmale wie Abstammung, Erziehung, Sprache und Kultur bestätigten.

Zu den deutschen Volkszugehörigen, die als Flüchtlinge oder Vertriebene in dem Gebiet des deutschen Reiches nach dem Stande vom 31. Dezember 1937 Aufnahme fanden und damit die deutsche Staatsangehörigkeit besaßen und noch heute besitzen, gehörten Lydia Nolte und ihre Tochter Berta. Lydia Nolte stammte aus der alten schlesischen Adelsfamilie von Schemnitz. Ihr Urgroßvater war ein Vetter des preußischen Königs Friedrich Wilhelm IV. und pflegte Umgang mit dem Opernkomponisten Giacomo Meyerbeer alias Jakob Liebmann Beer und dem Naturforscher Alexander von Humboldt. Lydia Nolte wurde am 19. Mai 1908 in der Hafenstadt und heutigen lettischen Hauptstadt Riga geboren. Damals gehörte Lettland zum Russischen Reich. Zwischen 1918 und 1940 bestand eine unabhängige Republik Lettland mit der Hauptstadt Riga. Lydias Ehemann Paul betrieb in der ehemaligen Hansestadt eine gutgehende Handelsgesellschaft. Im Jahre 1939 kam Lydias Sohn Theo zur Welt. Es lebten zu dieser Zeit fünfundsechzigtausend Deutsche unter den etwa zwei Millionen Einwohnern der Baltenrepublik. Nach dem geheimen Zusatzprotokoll zum deutsch-sowjetischen Nichtangriffsvertrag (sogenannter Hitler-Stalin-Pakt oder auch Ribbentrop-Molotow-Pakt) vom 23. August 1939 gehörte Lettland zum sowjetischen Einflußbereich. Deshalb besetzte die Rote Armee am 17. Juni 1940 das Land. Lettland gehörte für ein Jahr zur Sowjetunion. Am 22. Juni 1941 marschierte die Deutsche Wehrmacht in die Sowjetunion ein. Drei Tage später wurde

Lydias Tochter Berta geboren. Am 1. Juli 1941 besetzte die Deutsche Wehrmacht Riga. Seit dem 17. Juli 1941 bildeten die früheren Staaten Estland, Lettland und Litauen sowie Teile Weißrußlands das Reichskommissariat Ostland unter deutscher Besatzungsverwaltung. Die deutsche Besatzungsverwaltung mit Sitz in Riga leitete Reichskommissar Hinrich Lohse. Im Jahre 1942 fiel Lydias Ehemann Paul Nolte als Soldat der Deutschen Wehrmacht in der Nähe der russischen Stadt Orel. Im Herbst 1944 eroberte die Rote Armee Lettland zurück. Am 13. Oktober 1944 besetzten die sowjetischen Truppen die Stadt Riga. Lettland blieb bis zu seiner erneuten Unabhängigkeit im August 1991 eine Sowjetrepublik. Die deutsche Bevölkerung mußte in den Jahren 1944 und 1945 bis auf wenige Ausnahmen das Land verlassen. Bei der Flucht der Familie Nolte aus Riga Ende des Jahres 1944 kam Lydias Sohn Theo durch eine Granate ums Leben. Lydia und Berta Nolte gelang die Flucht nach Deutschland. In der Nachkriegszeit lebten sie auf dem Gestüt von Lydias Schwager in Hannover. Berta lernte mit fünfzehn Jahren ihren einige Jahre älteren Freund Felix Meinhardt kennen. Felix Meinhardt stürzte mit dem Flugzeug über dem mexikanischen Dschungel ab. Er blieb seither verschollen. Felix soll nach seinem Absturz noch gesehen worden sein. Nach dem Tod des Schwagers zogen Lydia und Berta Nolte im Jahre 1956 nach München. Dort schloß Berta eine kaufmännische Ausbildung mit Erfolg ab. Später arbeitete sie als Abteilungsleiterin in einem Münchner Wäschehaus. Im Februar 1986 verlor Berta ihren Arbeitsplatz. Vier Monate später heiratete die damals fast Fünfundvierzigjährige den fünfzehn Jahre älteren Kioskinhaber und Segler Gottlieb Griese. Im August 1987 adoptierten sie Manoel. Berta führte in der Folgezeit vorübergehend den Kiosk, später mit Robert Engel den Buchladen, gab Klavierstunden und arbeitete als Sprechstundengehilfin in Dr. Dresslers Arztpraxis. Bereits Weihnachten 1988 verließ Gottlieb seine Ehefrau Berta und den kleinen Manoel wieder, um die Welt zu umsegeln. Die Scheidung der Ehe, die Berta betrieben hatte, erfolgte Ende Juli 1993. Lydia Nolte, die im März 1987 die unternehmungslustige Chris Barnsteg vorübergehend aufgenommen hatte, gab im Januar 1989 ihre Wohnung im Haus Lindenstraße 3 auf und lebte später bei ihrer alten Freundin Amelie von der Marwitz in der Ulmenstraße 25 in München. Ihren Lebensabend verbrachte Lydia im Seniorenheim »Tannen-höhe« in Garmisch-Partenkirchen. Dort traf sie ihren alten Bekannten und Amelies zukünftigen Lebensgefährten Ernst-Hugo von Salen-Priesnitz. Lydia Nolte starb am 5. Januar 1995 in ihrem Seniorenheim an den Spätfolgen einer Grippe. Ihre Tochter Berta Griese wohnt mit ihrem Lebensgefährten, Hans-Joachim (Hajo) Scholz, weiterhin im Haus Lindenstraße 3. Bei Lydia Nolte und Berta Griese handelte es sich um Vertriebene im Sinne des § 1 Absatz 1 BVFG. Zu diesem Personenkreis gehört, wer als deutscher Staatsangehöriger oder deutscher Volkszugehöriger seinen Wohnsitz in den ehemals unter fremder Verwaltung stehenden deutschen Ostgebieten oder in den Gebieten außerhalb der Grenzen des Deutschen Reiches nach dem Gebietsstande vom 31. Dezember 1937 hatte und diesen im Zusammenhang mit den Ereignissen des Zweiten Weltkrieges infolge Vertreibung, insbesondere durch Ausweisung oder Flucht, verloren hat. Die deutsche Volkszugehörigkeit Lydia Noltes ergibt sich aus § 6 Absatz 1 BVFG. Berta Griese ist deutsche Volkszugehörige im Sinne des § 6 Absatz 2 Nr. 2 BVFG. Sie wurde nach dem 31. Dezember 1923 geboren und stammt von deutschen Volkszugehörigen ab.

Die Bürger der früheren DDR gehörten zu den deutschen Staatsangehörigen im Sinne des Grundgesetzes. Nach dem Urteil des Bundesverfassungsgerichts vom 31. Juli 1973 zum sogenannten Grundlagenvertrag zwischen der Bundesrepublik Deutschland und der DDR vom 6. Juni 1973 änderte sich diese Rechtslage auch nicht dadurch, daß die damalige DDR im Jahre 1967 eine eigene Staatsangehörigkeit begründet hatte (vgl. BVerfG 36, Seite 1 = BVerfG NJW 1973, Seite 1539). Deshalb besaß die Blumenhändlerin Claudia Rantzow (später: Claudia Rantzow-Kling) aus Borna bei Leipzig die deutsche Staatsangehörigkeit. Claudia Rantzow flüchtete im Sommer 1989 aus der damaligen DDR über Ungarn und Österreich in die Bundesrepublik Deutschland. Seit April 1990 lebte sie in der »Lindenstraße«. Sie führte dort nach anfänglichen Schwierigkeiten mit Erfolg ein Blumengeschäft. Claudia bezog eine Wohnung im Hause Lindenstraße 3. Dort lernte sie ihren Freund Benny Beimer kennen. Später erkrankte Claudia an Krebs und unglücklicherweise zerbrach nahezu gleichzeitig ihre Freundschaft mit Benny. Ostern 1994 heiratete sie Olaf Kling.

Das Herz ihrer Schwiegermutter errang sie erst dadurch, indem sie Else Kling aus dem brennenden Wohnwagen vor dem Flammentod rettete. Im November 1994 starb Claudias Vater Günter Rantzow an den Folgen einer Staublunge. Danach zog Claudias Bruder Dieter, den sie früher wegen versuchter »Republikflucht« an den Staatssicherheitsdienst der damaligen DDR verraten hatte, zu ihr in die Wohnung. Es kam zu heftigen Streitigkeiten und zu Tätlichkeiten zwischen Dieter Rantzow und Olaf Kling. Bis zu ihrem frühen Tod gelang es den Geschwistern Claudia und Dieter nicht, in der »Lindenstraße« heimisch zu werden.

Damit gehören zu den Ausländern im Sinne des § 1 Absatz 2 AuslG die Angehörigen ausländischer Staaten, die Staatenlosen und diejenigen deutschen Volkszugehörigen, die im Gebiet des deutschen Reiches in den Grenzen vom 31. Dezember 1937 keine Aufnahme fanden.

Ausländer dürfen grundsätzlich in das Bundesgebiet einreisen und sich darin aufhalten (§ 1 Absatz 1 AuslG). Sie benötigen nach § 3 Absatz 1 Satz 1 AuslG für die Einreise und den Aufenthalt im Bundesgebiet eine Aufenthaltsgenehmigung. Außerdem müssen sie einen gültigen Paß besitzen (§ 4 Absatz 1 AuslG). Die Einzelheiten über das Aufenthaltsrecht der in der Bundesrepublik Deutschland lebenden Ausländer ergeben sich aus den §§ 5 bis 41 AuslG.

Die meisten deutschen Bewohner der »Lindenstraße« sind bemüht, sich ihren ausländischen Nachbarn gegenüber verständnisvoll und vorurteilsfrei zu verhalten. Eine Ausnahme bilden der unbelehrbare Onkel Franz Wittich, der »Hausdrachen« Else Kling und der hartherzige Siegfried Kronmayr. Onkel Franz Wittich beleidigte mehrmals in der »Lindenstraße« lebende Ausländer, unter anderem den griechischen Gastwirt Panaiotis Sarikakis und den südafrikanischen Auszubildenden David Motibe, durch fremdenfeindliche Äußerungen. Else Kling nannte den italienischen Restaurantinhaber Enrico Pavarotti über viele Jahre hinweg hartnäckig stets »Herrn Sarotti« und die Kindsmutter Urszula Winicki aus Lodz (Polen) »Fräulein Winikki«. Sie riet dem Vietnamesen Gung Pham Kien, »erst mal anständig bayerisch zu lernen«. Else Kling äußerte sich auf den Hinweis der schlagfertigen Beate Sarikakis, daß sie, Else, außerhalb Deutschlands selbst

Ausländerin sei, entrüstet in urbayerischer Mundart: »Ich? Ausländerin? Nein! Nein! Nein! Nein! Nein! Nein! Ich bin in Traunstein geboren! Und Traunstein ist noch nie kein Ausland nicht gewesen!« Als Olaf Kling seiner Mutter am 1. August 1996 die Nigerianerin Mary Dankor als ihre neue Schwiegertochter vorstellte, erlitt Else Kling einen Schlaganfall mit halbseitiger Gesichtslähmung. Der Zollbeamte Siegfried Kronmayr, Mitglied der rechtsradikalen Gruppe »Wikinger«, beschimpfte den braven Joschi Bennarsch, mit dem er im Streit um dessen verkaufte »Heimaterde« stand, als »Knoblauchfresser« und »Knoblauchburschen«. Unbekannte Personen spuckten den Vietnamesen Gung Pham Kien im Januar 1994 an und beschimpften ihn als »Schlitzauge«.

Die in der »Lindenstraße« lebenden Ausländer treten grundsätzlich mit Verständnis und ohne Vorurteile gegenüber deutschen Mitbewohnern auf. Es gab nur in Einzelfällen Ereignisse, bei denen sich die ausländischen »Lindensträßler« nicht an diesen Grundsatz hielten. Vorbehalte gegen die Liebe ihres Sohnes Vasily zu Beate Flöter äußerte die Griechin Elena Sarikakis mit dem Ausspruch: »Wie kann man bloß ein deutsches Mädchen heiraten!« Vasily Sarikakis und seine damalige Freundin Marion Beimer gerieten am 5. Dezember 1985 in eine Schlägerei mit gewalttätigen türkischen Jugendlichen. Marion erlitt bei dieser Schlägerei, weil sie Vasily Hilfe leisten wollte, eine blutende Kopfverletzung.

Es kam in der »Lindenstraße« außer den sprachlichen Entgleisungen Franz Wittichs, Else Klings und Siegfried Kronmayrs auch zu ausländerfeindlichen Übergriffen. Onkel Franz Wittich versteckte aus fremdenfeindlichen Beweggründen heimlich verdorbenen Fisch im Kühlschrank des Restaurants »Akropolis« und freute sich später darüber, daß das Gesundheitsamt die Gaststätte vorübergehend schloß. Die Provos, eine rechtsradikale Gruppe gewalttätiger junger Männer, trieben in der »Lindenstraße« ihr Unwesen. Sie setzten die Pizzeria des Italieners Enrico Pavarotti in Brand und verwüsteten das Restaurant »Akropolis« der griechischen Gastwirtsfamilie Elena, Panaiotis und Vasily Sarikakis. Klaus Beimer und Oliver Klatt beteiligten sich als Mitglieder einer rechtsradikalen Gruppe um einen Rädelsführer namens Rainer im Frühjahr 1993 an einem Brandanschlag auf ein

Asylbewerberheim. Diese Gruppe bereitete später einen Anschlag vor, um mit Salzsäure das Gesicht der Polin Urszula Winicki zu entstellen. Klaus Beimer führte den Anschlag nicht durch, weil ihn sein schlechtes Gewissen plagte und er Urszula gut leiden konnte. Er sagte sich statt dessen von der rechtsradikalen Gruppe los. Daraufhin brachen Rainer und zwei seiner Gesinnungsgenossen dem abtrünnigen Klaus Beimer einen Arm. Klaus floh anschließend aus Angst vor der Rache der Rechtsradikalen zu seiner Schwester Marion nach Paris.

Einige deutsche »Lindensträßler« setzten sich dagegen persönlich für die Belange ihrer ausländischen Mitbewohner ein. Helga Beimer betreute vorübergehend die beiden bosnischen Flüchtlingskinder Milena und Ivo. Anna Ziegler-Beimer und Hans Beimer versteckten die Nigerianerin Mary Dankor vor den Mitarbeitern der Ausländerbehörde in ihrer Wohnung, zeitweise bei Helga Beimer im Hause Lindenstraße 3. Sie wollten Mary vor der Abschiebung in ihre Heimat bewahren. Während Mary ein ungewisses Schicksal durch die Heirat mit Olaf Kling

erspart blieb, starb ihr Freund John kurze Zeit nach seiner Abschiebung aus Deutschland in einem Gefängnis der nigerianischen Hafenstadt Port Harcourt unter ungeklärten Umständen. Die amtliche Todesursache der zuständigen Behörden lautete Selbstmord. Mary Dankor zählt zu den Freundinnen der Ghanaerin Chromo Hoyanda, die bei den Eheleuten Dr. Ludwig Dressler und Tanja Schildknecht-Dressler als Haushaltshilfe arbeitet. Sie gehörte mit ihrem Freund John zu den ausländischen Flüchtlingen, die in der Bundesrepublik Deutschland um politisches Asyl nachsuchten. Mary Dankors Asylantrag wurde rechtskräftig abgelehnt. Deshalb sollte Mary, die in einem Münchner Heim für Asylbewerber lebte, nach Nigeria abgeschoben werden. Im November 1995 entzog sie sich der drohenden

Abschiebung durch Flucht. Sie tauchte als ungesetzliche Ausländerin bei ihrer Freundin Chromo, dann bei den Eheleuten Anna Ziegler-Beimer und Hans Beimer sowie bei Helga Beimer unter.

Mary Dankor und ihr Freund John beriefen sich in Deutschland auf Artikel 16 a Absatz 1 GG. Die Bundesrepublik Deutschland gewährt durch Artikel 16 a Absatz 1 GG (bis zum 30. Juni 1993 durch Artikel 16 Absatz 2 Satz 2 GG) fremden Staatsangehörigen, die politisch verfolgt werden, Asyl. Der Verfassungsgeber nahm in den Jahren 1948 und 1949 die geschichtlichen Erfahrungen während der nationalsozialistischen Gewaltherrschaft in Deutschland zum Anlaß, mit dem damaligen Artikel 16 Absatz 2 Satz 2 GG ein vorbehaltloses Grundrecht auf politisches Asyl zu schaffen. In den dreißiger und vierziger Jahren konnten damals rassisch oder politisch verfolgte Deutsche häufig nur unter erheblichen Schwierigkeiten im Ausland Schutz vor Verfolgung finden. Mit dem vorbehaltlosen Grundrecht auf politisches Asyl sollte Menschen, die sich in einer ähnlichen Lage in anderen Staaten befinden, in Zukunft geholfen werden. Das Asylrecht des Grundgesetzes verbürgt dem vor politischer Verfolgung Schutz Suchenden, nicht in einen möglichen Verfolgerstaat abgeschoben oder ausgeliefert zu werden. Am 1. Juli 1993 trat eine Neuregelung des bundesdeutschen Asyl- und Asylverfahrensrechts in Kraft.

Der Gesetzgeber behielt mit der Neuregelung des Artikels 16 a GG das Grundrecht auf politisches Asyl bei. Danach genießen politisch Verfolgte in der Bundesrepublik Deutschland weiterhin Asylrecht. Der Gesetzgeber schränkte den Schutzbereich dieses Grundrechts dadurch erheblich ein, daß sich auf Artikel 16 a Absatz 1 GG ein Ausländer nicht berufen kann, der aus einem sicheren Drittstaat in die Bundesrepublik Deutschland einreist (Artikel 16 a Absatz 2 GG in Verbindung mit § 26 a Absatz 1 Satz 1 Asylverfahrensgesetz – AsylVfG in der Fassung vom 27. Juli 1993). Dieser Ausländer wird nicht als Asylbewerber anerkannt. Sichere Drittstaaten sind außer den Mitgliedstaaten der Europäischen Union die Staaten Norwegen, Polen, die Schweiz und die Tschechische Republik. Dadurch, daß damit alle Nachbarstaaten der Bundesrepublik Deutschland als sichere Drittstaaten gelten, gewährleistet die Verfassung den Grundrechtsschutz nach Artikel 16 a Absatz 1 GG im wesentlichen nur noch für diejenigen Ausländer, die auf dem Luftweg oder auf dem Seeweg nach Deutschland einreisen. Ausländer, die über einen sicheren Drittstaat in die Bundesrepublik Deutschland einzureisen versuchen, können ohne Einleitung eines Asylverfahrens an der Grenze zurückgewiesen oder im grenznahen Bereich in einem unmittelbaren Zusammenhang mit einer unerlaubten Einreise zurückgeschoben werden (vgl. § 18 Absatz 2 Nr. 1 AsylVfG und § 18 Absatz 3 AsylVfG in Verbindung mit § 19 Absatz 2 AsylVfG). Die Drittstaatenregelung des Artikels 16 a Absatz 2 GG stellte den entscheidenden Einschnitt in das bisherige Grundrecht auf politisches Asyl dar. Der Gesetzgeber unterstellte dabei, daß Flüchtlinge, die aus einem der sicheren Drittstaaten oder aus einem Staat der Europäischen Union in die Bundesrepublik Deutschland einreisen, nicht schutzbedürftig sind, weil sie einen schutzbereiten Staat freiwillig wieder verließen.

Ausländer aus einem sogenannten sicheren Herkunftsland (vgl. Artikel 16 a Absatz 3 GG in Verbindung mit § 29 a Absatz 1 AsylVfG) können zwar einen Asylantrag stellen. Dieser Antrag ist jedoch als offensichtlich unbegründet abzulehnen, es sei denn, die durch den Ausländer angegebenen Tatsachen oder Beweismittel begründen die Annahme, daß ihm abweichend von der allgemeinen Lage im Herkunftsland politische Verfolgung droht. Sichere Herkunftsstaaten sind außer den Mitgliedsstaaten der Europäischen Union die Staaten Bulgarien, Ghana, Polen, Rumänien, die Slowakische Republik, die Tschechische Republik und Ungarn. Chromo Hoyonda kam aus dem sicheren Herkunftsland Ghana in die Bundesrepublik Deutschland. Es ist nicht bekannt, nach welcher Rechtsvorschrift sich Chromo in Deutschland aufhalten darf.

Das Bundesverfassungsgericht entschied am 14. Mai 1996 durch drei Urteile, daß sich die Vorschriften des seit dem 1. Juli 1993 geltenden neuen Asylrechts über sichere Drittstaaten, über sichere Herkunftsstaaten, über die Veränderungen des einstweiligen Rechtsschutzes bei als offensichtlich unbegründet abgelehnten Asylanträgen und über das sogenannte Flughafenverfahren mit dem Grundgesetz vereinbaren lassen (vgl. BVerfG NJW 1996, Seiten 1665, 1666).

Ausländer, die in der Bundesrepublik Deutschland Schutz vor politischer Verfolgung zu beanspruchen beabsichtigen, dürfen diesen

Anspruch nur im Rahmen des Asylverfahrens vor dem Bundesamt für die Anerkennung ausländischer Flüchtlinge (mit Sitz in Zirndorf bei Nürnberg und Außenstellen in den verschiedenen Bundesländern) geltend machen. Das Grundgesetz erläutert den Begriff der politischen Verfolgung jedoch nicht. Dessen Auslegung erfolgte durch die Rechtsprechung des Bundesverfassungsgerichts und der Spruchkörper der Verwaltungsgerichtsbarkeit.

Eine politische Verfolgung im Sinne des Artikel 16 a Absatz 1 GG kommt in Betracht, wenn sie sich auf persönliche Merkmale des betroffenen Ausländers bezieht. Es handelt sich dabei um die Rasse, die Religion, die Nationalität, die politische Überzeugung oder die Zugehörigkeit zu einer gesellschaftlichen Gruppe. Daneben kann auch die politische Verfolgung einer Gruppe ein Recht auf Asyl nach Artikel 16 a Absatz 1 GG begründen. Dies setzt voraus, daß bereits die Zugehörigkeit zu einer durch gemeinsame Merkmale, durch die Rasse, die Religion oder die Volkszugehörigkeit bestimmbaren Gruppe ohne Rücksicht auf das Verhalten des Einzelnen Verfolgung bewirkt. Aufgrund der genannten persönlichen Merkmale muß der Ausländer Verfolgungsmaßnahmen mit Gefahr für Leib und Leben oder Beschränkungen seiner persönlichen Freiheit ausgesetzt sein oder derartige Verfolgungsmaßnahmen begründet befürchten (vgl. dazu BVerfGE 76, Seiten 143, 157).

Es steht nicht fest, aus welchem Grund Mary Dankor und John mit ihren Asylanträgen erfolglos blieben. Bei Nigeria handelt es sich nicht um ein sicheres Herkunftsland im Sinne des Artikels 16 a Absatz 3 GG. Deshalb können Flüchtlinge aus Nigeria in der Bundesrepublik Deutschland grundsätzlich mit der Behauptung, daß ihnen in ihrer Heimat politische Verfolgung drohe, mit Erfolg einen Antrag auf politisches Asyl stellen. Die Menschenrechtsorganisation amnesty international berichtete über die politischen Verhältnisse in Nigeria unter anderem folgendes: »Neun Personen, unter ihnen mindestens zwei gewaltlose politische Gefangene, wurden nach unfairen und politisch motivierten Gerichtsverfahren hingerichtet. Mehr als vierzig Personen, unter ihnen ebenfalls zahlreiche gewaltlose politische Gefangene, wurden nach unfairen Geheimprozessen zum Tode oder zu Freiheitsstrafen verurteilt, die Todesurteile allerdings später umgewandelt. Die Behörden nahmen zahlreiche vermeintliche Gegner der Regierung in Haft. [...] Mehrere in früheren Jahren festgenommene gewaltlose politische Gefangene blieben inhaftiert. Folterungen und Mißhandlungen an politischen und anderen Gefangenen waren weit verbreitet. [...]« (vgl. amnesty international. Jahresbericht 1996, Frankfurt am Main 1996, Seite 376) Zu den in diesem Bericht genannten Personen, die im Jahre 1995 in Nigeria hingerichtet wurden, gehörte auch Ken Saro-Wiwa. Das Todesurteil gegen ihn, den Schriftsteller und Präsidenten der Bewegung für das Überleben des Ogoni-Volkes (Movement for the Survival of the Ogoni People – MOSOP), wurde am 10. November 1995 in Port Harcourt trotz weltweiter Proteste vollstreckt. An diesen Protesten beteiligten sich ebenfalls Mitwirkende der »Lindenstraße«.

Mary Dankor ging im Sommer 1996 eine Scheinehe ein. Dadurch wollte sie eine Aufenthaltserlaubnis erhalten und ihre Abschiebung nach Nigeria verhindern. Am 18. Juli 1996 heiratete sie in der englischen Stadt Dover den verwitweten Hausmeistersohn Olaf Kling. Bei der deutschen Botschaft in London erhielt Mary eine Aufenthaltserlaubnis für die Bundesrepublik Deutschland. Mary und Olaf kehrten nach München zurück. Seither leben sie gemeinsam im Haus Lindenstraße 3. Die Aufenthaltserlaubnis ist dem ausländischen Ehegatten eines Deutschen zum Zwecke des nach Artikel 6 Absatz 1 GG gebotenen Schutzes der Ehe für die Herstellung und Wahrung der ehelichen Lebensgemeinschaft mit dem Deutschen im Bundesgebiet zu erteilen, wenn der Deutsche seinen gewöhnlichen Aufenthalt im Bundesgebiet hat. Die Aufenthaltserlaubnis wird in der Regel für drei Jahre erteilt (§ 23 Absatz 1 Nr. 1 AuslG). Sie wird befristet verlängert, solange die eheliche Lebensgemeinschaft mit dem Deutschen im Bundesgebiet fortbesteht und die Voraussetzungen für die unbefristete Verlängerung noch nicht vorliegen (§ 23 Absatz 2 AuslG). Die dem Ehegatten eines Deutschen erteilte Aufenthaltserlaubnis ist in der Regel nach drei Jahren unbefristet zu verlängern, wenn die eheliche Lebensgemeinschaft mit dem Deutschen fortbesteht, der ausländische Ehegatte sich auf einfache Art in deutscher Sprache mündlich verständigen kann und kein Ausweisungsgrund vorliegt (§ 25 Absatz 3 Satz 1 AuslG). Im Falle der Aufhebung der ehelichen Lebensgemeinschaft wird die dem

Ehegatten eines Deutschen erteilte Aufenthaltserlaubnis unbefristet verlängert, wenn der Lebensunterhalt des Ehegatten durch Unterhaltsleistungen aus eigenen Mitteln des Ausländers gesichert ist und dieser eine unbefristete Aufenthaltserlaubnis oder Aufenthaltsberechtigung besitzt (§ 25 Absatz 3 Satz 2 in Verbindung mit § 25 Absatz 2 AuslG). Bei dieser Rechtslage wird sich Mary für längere Zeit in der »Lindenstraße« aufhalten dürfen.

Ein besonderes Verfahren, Ausländern in der Bundesrepublik Deutschland politisches Asyl zu gewähren, stellt die Aufnahme als Kontingentflüchtling dar. Dabei handelt es sich um Personen, die im Rahmen humanitärer Hilfsaktionen aufgrund eines Sichtvermerks einer bundesdeutschen Auslandsvertretung oder einer Übernahmeerklärung des Bundesministers des Inneren in der Bundesrepublik Deutschland aufgenommen wurden. Dieselbe Rechtslage gilt für diejenigen Ausländer, die bis Ende des Jahres 1990 im Alter unter sechzehn Jahren ohne Sichtvermerk oder Übernahmeerklärung aufgrund humanitärer Aktionen aufgenommen wurden. Die Rechtsstellung der Kontingentflüchtlinge bestimmt sich nach dem Gesetz über Maßnahmen für im Rahmen humanitärer Hilfsaktionen aufgenommene Flüchtlinge (HumAG) vom 22. Juli 1980, welches auch als »Kontingentflüchtlingsgesetz« bezeichnet wird. Die Kontingentflüchtlinge müssen nach erfolgter Aufnahme in Deutschland keinen Asylantrag stellen (vgl. § 1 Absatz 2 Nr. 2 AsylVfG). Trotzdem erhalten sie die Rechtsstellung als Flüchtlinge nach der Genfer Flüchtlingskonvention. Die Erteilung des amtlichen Nachweises durch die Ausländerbehörde begründet die Eigenschaft als Kontingentflüchtling (vgl. § 2 HumAG). Die Rechtsstellung als Kontingentflüchtling bietet dem Ausländer in der Bundesrepublik Deutschland zahlreiche Vergünstigungen. Er erhält einen Flüchtlingsausweis nach der Genfer Flüchtlingskonvention und eine unbefristete Aufenthaltserlaubnis. Darüber hinaus bleibt er wie ein Asylberechtigter vom Sichtvermerkszwang befreit und hat Anspruch auf eine allgemeine Arbeitserlaubnis.

Die Bundesrepublik Deutschland nahm zwischen 1979 und 1985 fast dreißigtausend Kontingentflüchtlinge aus Vietnam auf. Zu ihnen gehörte der Vietnamese Gung Pham Kien. Er wurde am 23. Oktober 1958 in Vietnam geboren. Während des Vietnam-Krieges verlor Gung durch einen Bombenangriff seine Eltern. Der Vietnam-Krieg endete am 30. April 1975 mit der militärischen Niederlage und der Kapitulation Südvietnams. Es kam zur Wiedervereinigung des seit 1954 geteilten Landes. Zahlreiche Vietnamesen verließen wegen der politischen »Säuberungen« und der grausamen Umerziehungsmaßnahmen durch die siegreichen Kommunisten ihre Heimat. Diese Flüchtlinge fanden in den Vereinigten Staaten und in Westeuropa Schutz vor politischer Verfolgung. Zwischen der am 2. Juli 1976 ausgerufenen Sozialistischen Republik Vietnam und der Volksrepublik China brach im Februar 1979 ein blutiger Grenzkrieg aus. Als Folge kam es seit Juni 1979 zur unbarmherzigen Vertreibung und zur Massenflucht der Vietnamesen chinesischer Abstammung aus ihrer Heimat. Diese Menschen bildeten einen Teil der vietnamesischen Mittel- und Oberschicht. Sie verließen überwiegend auf dem Seeweg mit Schiffen und kleinen, häufig nicht hochseetüchtigen Booten unter lebensgefährlichen Umständen ihr Land (»Boat People«). Blutrünstige und beutegierige Piraten sowie die Unbilden des Meeres forderten zahlreiche Opfer. Nach Schätzungen kamen etwa fünfzig Prozent der Flüchtlinge auf ihrem Weg über das Südchinesische Meer ums Leben. Anfang des Jahres 1984 lebten nahezu zweihunderttausend »Boat People« in den an Vietnam angrenzenden Staaten, besonders in Thailand, Indonesien und den Philippinen. In diesen Staaten wurden die vietnamesischen Flüchtlinge häufig abgewiesen oder nur dann aufgenommen, wenn Drittstaaten – die Vereinigten Staaten und die westeuropäischen Länder – eine Aufnahmebestätigung erteilten. Das deutsche Rettungsschiff »Cap Anamur«, eingesetzt von der Hilfsorganisation Deutsches Komitee Notärzte unter Vorsitz Rupert Neudecks, konnte zwischen 1979 und 1982 im Südchinesischen Meer ungefähr neuntausendfünfhundert »Boat People« retten. Das Rettungsunternehmen mußte im Sommer 1982 abgebrochen werden, weil die Bundesrepublik Deutschland keine Aufnahmebestätigung für diese Flüchtlinge mehr erteilte. Seit 1995 müssen die meisten vietnamesischen Flüchtlinge wieder in ihre Heimat zurückkehren.

Im Jahre 1979 floh auch Gung Pham Kien mit seinen beiden Geschwistern aus seiner vietnamesischen Heimat. Das Schiff wurde im südchinesischen Meer von Piraten überfallen. Die Seeräuber ermordeten Gungs Bruder und vergewaltigten seine Schwester. Sie sprang daraufhin ins Meer und ertrank. Gung selbst wurde gerettet. Er kam als Flüchtling in die Bundesrepublik Deutschland. Phil Seegers führte Gung im Jahre 1983 in die Wohngemeinschaft des Hauses Lindenstraße 3 ein. Gung arbeitete einige Jahre bei der Deutschen Bundespost. Später war er Pfleger in einem Krankenhaus. In der Wohngemeinschaft fiel Gung angenehm auf, weil er freundlich, höflich, ruhig und bescheiden blieb. Deshalb verliebten sich nacheinander Beate Flöter, Anna Ziegler und Urszula Winicki in ihn. Er scheute sich aber, eine feste und langfristige Bindung mit einer Frau einzugehen. Chris Barnsteg rief dem verlegenen Gung in der Wohngemeinschaft aus der Badewanne zu: »Sag mal, hast du Angst, daß

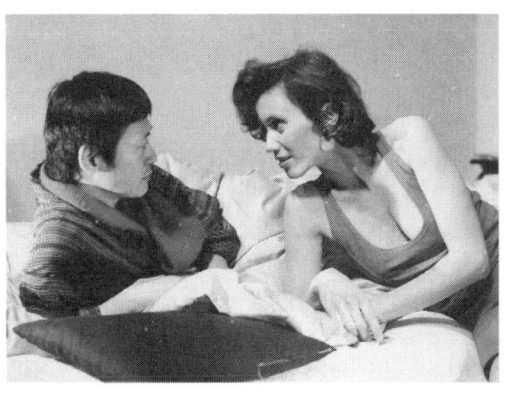

du Kernschmelze kriegst, wenn du mich ansiehst?« Für die Schwierigkeiten seiner Mitbewohner hatte er stets ein offenes Ohr. Er berief sich auf die Erkenntnisse des chinesischen Philosophen Konfuzius (551 v.Chr. bis 479 v.Chr.). Gabi Zimmermann blieb er stets ein treuer Freund (vgl. Monika Paetow (Hrsg.), a.a.O., Seite 103). Dem mit dem HIV-Virus infizierten und später an Aids erkrankten Benno Zimmermann stand er in schweren Stunden bei. Den kleinen Max Zimmermann sang er mit vietnamesischen Liedern in den Schlaf (vgl. Monika Paetow (Hrsg.), a.a.O., Seite 103). Gung wohnt noch heute im Haus Lindenstraße 3.

Die in der »Lindenstraße« lebenden Ausländer setzten sich wiederholt in der Öffentlichkeit für ihre Rechte ein. Der griechische Gastwirtssohn Vasily Sarikakis nahm am 16. Oktober 1994, dem Tag der Wahl zum dreizehnten Deutschen Bundestag, gemeinsam mit seiner Ehefrau Beate und einigen anderen Personen an einer Demonstration für das Ausländerwahlrecht vor einem Münchner Wahllokal teil. Vasily Sarikakis und weitere etwa sechs Millionen in der Bundesrepu-

blik Deutschland lebende Ausländer durften an dieser Bundestagswahl nicht teilnehmen. Ausländern steht in Deutschland weder das
aktive noch das passive Wahlrecht zu. Beim aktiven Wahlrecht, der
sogenannten Wahlberechtigung, handelt es sich um das Recht, durch
Stimmabgabe an der Wahl teilzunehmen. Wahlberechtigt bei den
Wahlen zum Deutschen Bundestag sind gemäß § 12 Absatz 1 des Bun-
deswahlgesetzes – BWG – vom 23. Juli 1993 alle Deutschen im Sinne
des Artikels 116 Absatz 1 GG, die am Wahltag das achtzehnte Lebensjahr vollendet haben, seit mindestens drei Monaten in der Bundesrepublik Deutschland eine Wohnung innehaben oder sich sonst
gewöhnlich aufhalten und nicht vom Wahlrecht ausgeschlossen sind.
§ 12 Absatz 2 BWG erweitert den Kreis der wahlberechtigten Personen auf bestimmte Deutsche im Sinne des Artikels 116 Absatz 1 GG,
die in der Bundesrepublik Deutschland keinen Wohnsitz oder
gewöhnlichen Aufenthalt haben. Beim passiven Wahlrecht, der sogenannten Wählbarkeit, handelt es sich um das Recht, gewählt werden
zu können. Wählbar bei den Wahlen zum Deutschen Bundestag ist
gemäß § 15 Absatz 1 BWG, wer am Wahltage seit mindestens einem
Jahr Deutscher im Sinne des Artikels 116 Absatz 1 GG ist und das
achtzehnte Lebensjahr vollendet hat.

Ein aktives Wahlrecht steht Ausländern hingegen bei den Wahlen zu
den Vertreterversammlungen der Träger der Sozialversicherung sowie
bei den Wahlen der Versichertenältesten und Vertrauensmänner, den
sogenannten Sozialwahlen, zu. Ausländer dürfen weiterhin bei den
Wahlen zu den berufsständischen Selbstverwaltungskörperschaften
(beispielsweise den Industrie- und Handelskammern und den Hand-
werkskammern) und zu den verschiedenen Vertretungsorganen im
Bereich der Universitäten, Hochschulen und Fachhochschulen teilnehmen. Außerdem steht Ausländern in einigen bundesdeutschen
Gemeinden das Recht zu, über eigene Beiräte auf gemeindlicher
Ebene in politischen und besonders für Ausländer bedeutsamen
Angelegenheiten mitzuwirken.

In den vergangenen Jahren gab es Bestrebungen, Ausländern unter
bestimmten Voraussetzungen das Wahlrecht zu den Gemeindevertretungen (das kommunale Wahlrecht) einzuräumen. Die Befürworter
sahen darin eine Möglichkeit, Ausländern die gesellschaftliche Eman-

zipation und Integration zu erleichtern. Die Gegner des kommunalen Wahlrechts verwiesen auf verfassungsrechtliche Schwierigkeiten und auf die Gefahr, daß Ausländer die politischen Auseinandersetzungen und die Parteienstrukturen ihrer Herkunftsländer in die deutschen Gemeindeparlamente einbringen könnten.

Im Jahre 1989 versuchten die Bundesländer Schleswig-Holstein und Hamburg durch entsprechende Gesetze, Ausländern mit einem fünf-jährigen Aufenthalt (in Schleswig-Holstein) oder einem achtjährigen Aufenthalt (in Hamburg) das Wahlrecht zu den schleswig-holstein-ischen Gemeindevertretungen und Kreistagen oder zu den Hamburg-ischen Bezirksversammlungen zu gewähren. Das Bundesverfassungsge-richt erklärte durch seine Urteile vom 31. Oktober 1990 (vgl. BVerfG NJW 1991, Seiten 159 und 162) die Regelungen über das kommunale Ausländerwahlrecht für nichtig. Das Gericht stellte in seinen Ent-scheidungen darauf ab, daß nur Deutsche im Sinne des Grundgesetzes wahlberechtigt seien. Das Staatsvolk, von dem die Staatsgewalt in der Bundesrepublik Deutschland ausgeht, werde nach dem Grundgesetz durch die Deutschen, also die deutschen Staatsangehörigen und die ihnen nach Artikel 116 Absatz 1 GG gleichgestellten Personen, gebil-det. Damit werde für das Wahlrecht, durch dessen Ausübung das Volk in erster Linie die ihm zukommende Staatsgewalt wahrnimmt, nach dem Grundgesetz die Eigenschaft als Deutscher vorausgesetzt. Die den Bundesländern zukommende Staatsgewalt könne gemäß Artikel 20 Absatz 2 GG und Artikel 28 Absatz 1 Satz 1 GG ebenfalls nur durch diejenigen getragen werden, die Deutsche im Sinne des Artikels 116 Absatz 1 GG sind. Auch soweit Artikel 28 Absatz 1 Satz 2 GG eine Vertretung des Volkes für die Kreise und Gemeinden vorschreibt, bildeten ausschließlich Deutsche das Volk und wählten dessen Ver-tretung.

Ein Hoffnungsschimmer für Vasily Sarikakis könnte die Tatsache bedeuten, daß das Bundesverfassungsgericht mit seiner Entscheidung aus dem Jahre 1990 weitere Bestrebungen, Ausländern auch in Deutschland ein kommunales Wahlrecht einzuräumen, nicht verhin-dern konnte. Sowohl der Europarat als auch das Europäische Parla-ment treten seit einigen Jahren für ein kommunales Ausländerwahl-recht ein. Dieses Wahlrecht besteht bereits in Dänemark, Irland, den

Niederlanden, Norwegen, Schweden und der Schweiz. Auch in der ehemaligen DDR gab es ein Kommunalwahlrecht für Ausländer. Durch den Vertrag über die Herstellung der Einheit Deutschlands zwischen der Bundesrepublik Deutschland und der DDR – Einigungsvertrag – vom 31. August 1990 fand das Kommunalwahlrecht der ehemaligen DDR für Ausländer zwar keine Übernahme in das seit dem 3. Oktober 1990 vereinte Deutschland. In der Bundesrepublik Deutschland dürfen jedoch seit kurzer Zeit Ausländer aus den Mitgliedstaaten der Europäischen Union (EU) an Kommunalwahlen teilnehmen. Damit entsprachen die für das kommunale Wahlrecht zuständigen Gesetzgeber insoweit den politischen Vorgaben des Europarats und des Europäischen Parlaments. So durften an den Wahlen zum Abgeordnetenhaus von Berlin am 22. Oktober 1995 erstmals die in Berlin lebenden Ausländer aus den Mitgliedstaaten der Europäischen Union (EU) teilnehmen. Es bleibt zu erwarten, daß sich zukünftig bei den Wahlen zum Deutschen Bundestag die Wahlberechtigung auf diesen Kreis der in Deutschland lebenden Ausländer erstrecken wird. Vasily Sarikakis wird als griechischer Staatsangehöriger und damit als Ausländer aus einem Mitgliedstaat der EU an den Wahlen zum Deutschen Bundestag teilnehmen und an der politischen Willensbildung in der Bundesrepublik Deutschland mitwirken dürfen.

Obwohl Ausländer in der Bundesrepublik Deutschland bei den Wahlen zu den verschiedenen Volksvertretungen weiterhin grundsätzlich weder wählen noch gewählt werden dürfen, bleibt ihnen durchaus die Möglichkeit, sich in Deutschland politisch zu betätigen. Deshalb durfte sich Vasily Sarikakis in der »Lindenstraße« für das Ausländerwahlrecht einsetzen. Ausländer dürfen sich wie Deutsche innerhalb der Schutzbereiche der Grundrechte aus Artikel 4 Absatz 1 und Absatz 2 GG (Glaubens-, Gewissens- und Bekenntnisfreiheit), aus Artikel 5 Absatz 1 und Absatz 3 GG (Recht der freien Meinungsäußerung und Kunstfreiheit), aus Artikel 9 Absatz 3 GG (Recht zur gewerkschaftlichen Betätigung und Organisation) und aus Artikel 17 GG (Petitionsrecht) politisch betätigen. Ausländer dürfen Vereine (Ausländervereine) gründen, sofern diese Vereine nicht »durch politische Betätigung die innere oder äußere Sicherheit, die öffentliche

Ordnung oder sonstige erhebliche Belange der Bundesrepublik Deutschland oder eines ihrer Länder verletzen oder gefährden« (vgl. § 14 des Gesetzes zur Regelung des öffentlichen Vereinsrechts – Vereinsgesetz – vom 5. August 1964). Außerdem steht Ausländern in Deutschland das Recht auf freie Meinungsäußerung nach Artikel 5 Absatz 1 Satz 1 GG zu. Die Verwaltungsbehörden dürfen Ausländern dieses Recht nach dem Ausländergesetz untersagen, wenn sie politische Streitigkeiten ihres Heimatlandes in der Bundesrepublik Deutschland austragen. Ausländer dürfen sich im Rahmen der allgemeinen Rechtsvorschriften politisch betätigen (§ 37 Absatz 1 Satz 1 AuslG). Die politische Betätigung der Ausländer in der Bundesrepublik Deutschland darf beschränkt oder untersagt werden, soweit sie die politische Willensbildung in Deutschland oder das friedliche Zusammenleben von Deutschen und Ausländern oder von verschiedenen Ausländergruppen im Bundesgebiet, die öffentliche Sicherheit und Ordnung oder sonstige erhebliche Interessen der Bundesrepublik Deutschland beeinträchtigt oder gefährdet (§ 37 Absatz 1 Satz 2 Nr. 1 AuslG). Damit stehen Vasily Sarikakis verschiedene Möglichkeiten zu, sich in der »Lindenstraße« politisch zu betätigen.

Im Juni 1995 zog er aus Verärgerung darüber, daß Ausländern in der Bundesrepublik Deutschland kein Wahlrecht zusteht, einen Betrag von 5,03 DM von seiner Einkommensteuerschuld ab. Bei diesem Betrag handelte es sich um die Summe, mit der jeder Steuerzahler für die Bundestagswahl 1994 aufzukommen hatte. Das zuständige Münchner Finanzamt zeigte für Vasilys Beweggründe kein Verständnis. Die Steuerbehörde leitete gegen Vasily, der sich hartnäckig weigerte, die noch ausstehende Reststeuerschuld von 5,03 DM zu zahlen, ein Vollstreckungsverfahren ein. Am 10. August 1995 pfändete die junge Gerichtsvollzieherin Borg-Schäuffle in Vasilys Restaurant »Akropolis« eine Pfeffermühle. Vasily nutzte die Gelegenheit, die anwesenden »Lindenstraßen«-Bewohner auf sein politisches Anliegen aufmerksam zu machen. Bedenken gegen die Rechtmäßigkeit einer Pfändung der Pfeffermühle, die bei den Gästen des Restaurants auf Unverständnis stieß, bestehen nicht. Soweit der Schuldner die Steuer nicht oder nicht vollständig zahlt, dürfen die Finanzbehörden den Steuerbescheid im Verwaltungsweg vollstrecken (vgl. § 249 Absatz 1

Satz 1 der Abgabenordnung – AO – vom 16. März 1976). Die Gerichtsvollzieherin Borg-Schäuffle durfte als Vollziehungsbeamtin im Sinne des § 285 Absatz 1 AO die Vollstreckung in Vasilys bewegliches Vermögen betreiben. Zu diesem Vermögen gehörte auch seine Pfeffermühle. Die Vollstreckung erfolgte zu Recht durch Pfändung (vgl. § 281 Absatz 1 AO). Durch die Pfändung erwarb das Finanzamt ein Pfandrecht an der Pfeffermühle. Frau Borg-Schäuffle durfte zum Zwecke der Vollstreckung das Restaurant »Akropolis« nach einem für die Pfändung geeigneten Gegenstand durchsuchen (vgl. § 287 Absatz 1 AO). Vasily blieb trotz der Pfändung Eigentümer der Pfeffermühle. Deshalb durfte er die Pfeffermühle in seinem Restaurant weiterhin benutzen. Die Pfändung gab dem Finanzamt das Recht, die Pfeffermühle öffentlich zu versteigern (vgl. § 296 Absatz 1 AO). Es steht nicht fest, ob es zu einer öffentlichen Versteigerung der Pfeffermühle kam. Einige Wochen nach der aufsehenerregenden Pfändung nahm Vasily mit der wohlgefälligen Gerichtsvollzieherin und einigen »Lindenstraßen«-Bewohnern an der Stadtrundfahrt »München auf den Spuren der Ausländer« des Fremdenverkehrsvereins teil.

Vasily Sarikakis wird sich weiterhin in der »Lindenstraße« für die Rechte der in Deutschland lebenden Ausländer einsetzen. In absehbarer Zeit wird er nicht ohne Schwierigkeiten in seine Heimat zurückkehren können. Vasily wird in Griechenland mit einer Strafverfolgung wegen Fahnenflucht rechnen müssen.

»Ich möchte in der Serie mehr Mord und Totschlag sehen,
zum Beispiel Drogendelikte und Sexskandale.«

*(Ein unbekannter Zuschauer)*

## 5 Der Fall Kurt Sperling und andere: Gewalt in der »Lindenstraße«

Unter den Bewohnern der »Lindenstraße« gab es auch verschiedene
Täter und Opfer der Gewaltkriminalität. Nach der Polizeilichen Kriminalstatistik (PKS) gehören zu den Straftaten der Gewaltkriminalität
vor allem der Mord (§ 211 StGB), der Totschlag (§ 212 StGB), die Vergewaltigung (§ 177 StGB), der Raub (§§ 249, 250, 251 StGB), die räu-
berische Erpressung (§§ 253, 255 StGB), die Körperverletzung mit
Todesfolge (§ 226 StGB), die Körperverletzung (§ 223 StGB), die
gefährliche Körperverletzung (§ 223 a StGB) und die schwere Körperverletzung (§§ 224, 225 StGB). Straftaten der Gewaltkriminalität
begingen nicht nur die rechtsradikalen Provos, sondern ebenso einige
scheinbar ehrenwerte Bewohner der »Lindenstraße«.

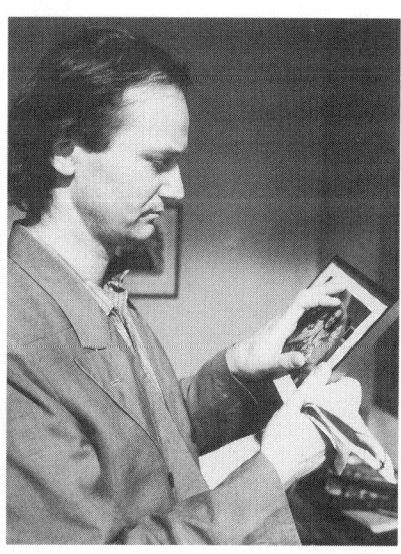

Gewalttätig ging der harmlos
wirkende Finanzbeamte Friedhelm Ziegler gegen seine Ehefrau
Anna vor. Er schlug am 27. August
1987 die schwangere Anna. Sie floh
in dieser Nacht aus Angst vor weiteren Übergriffen zu Gabi Zimmermann in die Wohngemeinschaft. Das Amtsgericht München
verurteilte Friedhelm Ziegler wegen dieser Mißhandlungen im
Februar 1988 zu einer Freiheitsstrafe von einem Jahr. Die Vollstreckung der Freiheitsstrafe setzte
das Gericht zur Bewährung aus.

Nach seiner Verurteilung begann Friedhelm eine psychotherapeutische Behandlung. Diese Behandlung brachte nicht den gewünschten Erfolg, weil er einige Zeit später versuchte, Anna vor dem Haus Lindenstraße 3 mit seinem Kraftfahrzeug zu überfahren und dabei umzubringen. Friedhelm wollte sich wegen der Strafanzeige an Anna rächen. Sein Verhalten zog keine strafrechtlichen Folgen nach sich, weil Anna keine Strafanzeige gegen ihren Ehemann erstattete. Der Strafverfolgungsbehörde blieb somit Friedhelms Verbrechen unbekannt. Dabei hätte er sich aufgrund seines Verhaltens wegen versuchten Totschlages gemäß den §§ 212, 22, 23 Absatz 1 StGB, gegebenenfalls sogar wegen versuchten Mordes gemäß den §§ 211, 22, 23 Absatz 1 StGB strafrechtlich verantworten müssen. Wegen versuchten Mordes wird danach bestraft, wer unmittelbar dazu ansetzt, einen anderen Menschen aus niedrigen Beweggründen zu töten. Friedhelm Ziegler könnte dadurch, daß er Anna überfahren wollte, um sich an ihr zu rächen, versucht haben, seine Ehefrau aus niedrigen Beweggründen zu töten. Sonstige Beweggründe sind niedrig, wenn sie als Beweggründe für eine Tötung nach allgemeiner sittlicher Anschauung verachtenswert bleiben und auf tiefster Stufe stehen (vgl. BGHSt 2, Seite 63; vgl. auch BGHSt 3, Seite 133). Rache kann, wenn auch nicht regelmäßig, ein derartiger niedriger Beweggrund sein (vgl. BGHSt 1, Seite 369; vgl. auch BGHSt 23, Seite 119). Es kommt bei der Frage, ob Rache im Einzelfall einen sonstigen niedrigen Beweggrund darstellt, stets auf eine Gesamtwürdigung aller Umstände an (vgl. Eduard Dreher und Herbert Tröndle, Strafgesetzbuch und Nebengesetze. Kommentar, 47. Auflage, München 1995, § 211 StGB, Rn. 5b). Es läßt sich aus den Umständen des Einzelfalles nicht feststellen, ob Friedhelm Ziegler dadurch, daß er Anna überfahren wollte, um sich an ihr zu rächen, versucht hatte, seine Ehefrau aus niedrigen Beweggründen zu töten. Friedhelm hätte jedoch bei einer strafgerichtlichen Verurteilung wegen versuchten Totschlages gemäß den §§ 212, 22, 23 Absatz 1 StGB mit einer empfindlichen Freiheitsstrafe rechnen müssen (vgl. §§ 212, 22, 23 Absatz 1 und Absatz 2, 49 Absatz 1 StGB).

In der Folgezeit ging Friedhelm Ziegler erneut gewalttätig gegen Anna vor. Am 14. Juli 1988 feierte Anna ihren neunundzwanzigsten Geburtstag. An diesem Tage lockte Friedhelm Ziegler die bereits von ihm getrennt – in der Wohngemeinschaft Lindenstraße 3 – lebende Anna in seine eigene Wohnung und fiel dort über sie her. Friedhelm mißhandelte Anna, weil sie sich von ihm scheiden lassen wollte. Dann zwang Friedhelm Anna durch Schläge ins Gesicht zum Beischlaf. Anna erstattete eine Strafanzeige gegen ihren Ehemann. Friedhelm verschwand für einige Zeit spurlos, um einer Strafverfolgung zu entgehen. Erst vier Wochen später gelang es zwei Beamten der Kriminalpolizei aufgrund eines Hinweises Anna Zieglers, Friedhelm in seiner Wohnung vorläufig festzunehmen. Es steht nicht fest, ob der zuständige Haftrichter gegen Friedhelm Ziegler die Untersuchungshaft anordnete. Friedhelm tauchte in der Folgezeit wieder in der »Lindenstraße« auf. Er arbeitete Ende des Jahres 1988 im Supermarkt dieser Straße. Im September 1988 sprach das Amtsgericht – Familiengericht – München die Scheidung der Zieglerschen Ehe aus. Die Scheidung der Ehe bestimmt sich nach den §§ 1564 ff. des Bürgerlichen Gesetzbuches (BGB). Die Ehescheidung erfolgt auf Antrag eines oder beider Ehegatten durch gerichtliches Urteil (§ 1564 Absatz 1 Satz 1 BGB). Mit der Rechtskraft des Urteils ist die Ehe aufgelöst (§ 1564 Absatz 1 Satz 2 BGB). Ab diesem Zeitpunkt entfallen die gesetzlichen Ehewirkungen. Das Gesetz kennt einen Scheidungsgrund. Eine Ehe kann geschieden werden, wenn sie gescheitert ist (§ 1565 Absatz 1 Satz 1 BGB). Nach § 1565 Absatz 1 Satz 2 BGB ist die Ehe gescheitert, wenn die Lebensgemeinschaft der Ehegatten nicht mehr besteht und nicht erwartet werden kann, daß die Ehegatten sie wiederherstellen. Nach § 1566 Absatz 1 Satz 1 BGB wird unwiderlegbar vermutet, daß die Ehe gescheitert ist, wenn die Ehegatten seit einem Jahr getrennt leben und beide Ehegatten die Scheidung beantragen oder der Antragsgegner der Scheidung zustimmt. Das Scheitern der Ehe wird unwiderlegbar vermutet, wenn die Ehegatten seit drei Jahren getrennt leben (§ 1566 Absatz 2 BGB). Leben die Ehegatten noch nicht ein Jahr getrennt, so kann die Ehe nur geschieden werden, wenn die Fortsetzung der Ehe aus Gründen, die in der Person des anderen Ehegatten liegen, eine unzumutbare Härte darstellt (§ 1565 Absatz 2 BGB). Das Amtsgericht – Familiengericht – München durfte die Scheidung der Zieglerschen Ehe bereits vor Ablauf der einjährigen Trennungsfrist des § 1566 Absatz 1 Satz 1 BGB aussprechen, weil es sich bei Friedhelms Mißhandlungen um besonders schwere Eheverfehlungen handelte, die für Anna eine unzumutbare Härte im Sinne des § 1565 Absatz 2 BGB darstellten, an dieser Ehe festzuhalten. Die Zieglersche Ehe ließ sich im übrigen deshalb als gescheitert ansehen, weil im Herbst 1988 Anna Ziegler schon mit dem damals noch verheirateten Familienvater Hans Beimer zusammenlebte.

Friedhelm Ziegler wurde wegen seines Überfalls auf Anna am 30. März 1989 durch ein Münchner Gericht wegen Körperverletzung und Nötigung zu einer Freiheitsstrafe von acht Monaten verurteilt. Das Gericht setzte die Vollstreckung dieser Strafe nicht zur Bewährung aus. Es durfte Friedhelm Ziegler aufgrund seines Verhaltens aus Rechtsgründen nicht wegen Vergewaltigung bestrafen. Wegen Vergewaltigung wird nach § 177 Absatz 1 StGB nur bestraft, wer eine Frau mit Gewalt oder durch Drohung mit gegenwärtiger Gefahr für Leib oder Leben zum außerehelichen Beischlaf mit ihm oder einem Dritten nötigt. Diese Strafvorschrift erfaßt nicht die Vergewaltigung unter Ehegatten. Für einen derartigen Fall kommt, auch wenn die Ehegatten – wie Friedhelm und Anna Ziegler – getrennt leben, nur eine Strafbarkeit wegen Körperverletzung gemäß den §§ 223 ff. StGB (vor allem wegen einfacher Körperverletzung nach § 223 StGB und gefährlicher Körperverletzung nach § 223 a Absatz 1 StGB) und wegen Nötigung gemäß § 240 StGB in Betracht. Der Gesetzgeber befaßte sich bereits mit der Frage, ob die Vergewaltigung unter Ehegatten gesondert unter Strafe gestellt werden sollte. Es bleibt zu erwarten, daß über die Strafbarkeit der Ehegattenvergewaltigung noch in dieser Legislaturperiode des Deutschen Bundestages eine Entscheidung des Gesetzgebers erfolgen wird.

Weiterhin durfte das Gericht Friedhelm Ziegler aufgrund seines Verhaltens aus Rechtsgründen nicht wegen sexueller Nötigung bestrafen. Wegen sexueller Nötigung wird gemäß § 178 Absatz 1 StGB bestraft, wer einen anderen Menschen mit Gewalt oder durch Drohung mit gegenwärtiger Gefahr für Leib oder Leben nötigt, außereheliche sexuelle Handlungen des Täters oder eines Dritten an sich zu dulden oder an dem Täter oder einem Dritten vorzunehmen. Die Strafbarkeit der sexuellen Nötigung erfaßt nicht sexuelle Handlungen unter Ehegatten. Diese Handlungen unter Ehegatten lassen sich lediglich als Nötigung gemäß § 240 Absatz 1 Satz 1 StGB bestrafen.

Deshalb verurteilte das Gericht Friedhelm Ziegler nur wegen Körperverletzung und Nötigung. Wegen Körperverletzung wird gemäß § 223 StGB bestraft, wer eine andere Person körperlich mißhandelt oder an der Gesundheit beschädigt. Eine körperliche Mißhandlung in diesem Sinne bedeutet ein übles, unangemessenes Behandeln, das entweder das körperliche Wohlbefinden oder die körperliche Unversehrtheit des Opfers nicht unerheblich beeinträchtigt (vgl. BGHSt 14, Seite 269). Zu den körperlichen Mißhandlungen gehören beispielsweise Ohrfeigen oder Schläge ins Gesicht (vgl. Eduard Dreher und Herbert Tröndle, Strafgesetzbuch und Nebengesetze. Kommentar, a. a. O., § 223 StGB, Rn. 3). Dadurch, daß Friedhelm seine damalige Ehefrau Anna ins Gesicht schlug, mißhandelte er sie körperlich im Sinne des § 223 StGB. Er handelte vorsätzlich, rechtswidrig und schuldhaft. Rechtfertigungs- und Entschuldigungs- bzw. Schuldausschließungsgründe lagen nicht vor. Friedhelm Ziegler machte sich damit wegen einer Körperverletzung gemäß § 223 StGB strafbar. Wegen Nötigung wird gemäß § 240 Absatz 1 Satz 1 StGB bestraft, wer einen anderen rechtswidrig mit Gewalt oder durch Drohung mit einem empfindlichen Übel zu einer Handlung, Duldung oder Unterlassung nötigt. Rechtswidrig ist die Tat, wenn die Anwendung der Gewalt oder die Androhung des Übels zu dem angestrebten Zweck als verwerflich anzusehen ist (§ 240 Absatz 2 StGB). Friedhelm Ziegler zwang Anna durch Schläge und damit durch Gewalt zum Beischlaf. Er handelte vorsätzlich und rechtswidrig. Die Gewaltanwendung bleibt im Verhältnis zu dem durch Friedhelm angestrebten Zweck, mit Anna zu schlafen, als verwerflich anzusehen. Das Erzwingen des ehelichen Verkehrs bleibt nicht durch ein gesetzliches Recht gedeckt und stellt daher eine verwerfliche Nötigung dar (vgl. Eduard Dreher und Herbert Tröndle, Strafgesetzbuch und Nebengesetze. Kommentar, a. a. O., § 177 StGB, Rn. 1 c). Für Friedhelms Verhalten gab es keine Rechtfertigungsgründe. Friedhelm Ziegler machte sich daher wegen Nötigung gemäß § 240 Absatz 1 Satz 1 StGB strafbar. Zwischen der Körperverletzung gemäß § 223 StGB und der Nötigung gemäß § 240 Absatz 1 Satz 1 StGB bestand Tateinheit im Sinne des

§ 52 Absatz 1 StGB, weil Friedhelm diese Strafgesetze durch dieselbe Handlung verletzte.

Das Gericht setzte die Vollstreckung der gegen Friedhelm Ziegler verhängten Freiheitsstrafe von acht Monaten nicht zur Bewährung aus. Eine Aussetzung der Vollstreckung einer Strafe zur Bewährung kommt nach § 56 Absatz 1 StGB bei der Verurteilung zu Freiheitsstrafe von nicht mehr als einem Jahr in Betracht, wenn zu erwarten ist, daß der Verurteilte sich schon die Verurteilung zur Warnung dienen lassen und künftig ohne die Einwirkung des Strafvollzuges keine Straftaten mehr begehen wird. Dabei sind namentlich die Persönlichkeit des Verurteilten, sein Vorleben, die Umstände seiner Tat, sein Verhalten nach der Tat, seine Lebensverhältnisse und die Wirkungen zu berücksichtigen, die von der Strafaussetzung zur Bewährung für ihn zu erwarten sind. Eine Strafaussetzung zur Bewährung kam deshalb nicht in Betracht, weil Friedhelm schon in der Vergangenheit gewalttätig gegen Anna vorgegangen und er zu einer Freiheitsstrafe von einem Jahr, dessen Vollstreckung das Gericht zur Bewährung ausgesetzt hatte, verurteilt worden war.

Deshalb mußte Friedhelm Ziegler die gegen ihn verhängte achtmonatige Freiheitsstrafe in einer Strafvollzugsanstalt verbüßen. Nach seiner Entlassung aus dem Strafvollzug ging er nochmals gewalttätig gegen seine frühere Ehefrau vor. Anfang des Jahres 1991 entführte Friedhelm Ziegler Anna und hielt sie erbarmungslos ungefähr fünf Monate im Keller eines Hauses gefangen. Erst am 13. Juni 1991 gelang es Anna, sich aus diesem Verließ zu befreien und zu fliehen. Für dieses Verhalten mußte sich Friedhelm Ziegler nicht verantworten. Sein Verhalten gelangte den Strafverfolgungsbehörden nicht rechtzeitig zur Kenntnis. Dabei hätte Friedhelm wegen Freiheitsberaubung gemäß § 239 Absatz 1 und Absatz 2 StGB bestraft werden können. Nach § 239 Absatz 1 StGB wird mit Freiheitsstrafe bis zu fünf Jahren oder mit Geldstrafe bestraft, wer widerrechtlich einen Menschen einsperrt oder auf andere Weise des Gebrauchs der persönlichen Freiheit beraubt. Wenn die Freiheitsentziehung, wie im Falle Anna Zieglers, über eine Woche dauerte, so hat das Gericht gemäß § 239 Absatz 2 Satz 1 StGB auf Freiheitsstrafe von einem Jahr bis zu zehn Jahren zu erkennen. In minder schweren Fällen ist die Strafe Freiheitsstrafe bis zu fünf Jahren oder Geldstrafe (§ 239 Absatz 2 Satz 2 StGB). Friedhelm hätte folglich im Falle einer strafgerichtlichen Verurteilung mit einer empfindlichen Freiheitsstrafe rechnen müssen. Bevor die Strafverfolgungsbehörden das Ermittlungsverfahren gegen Friedhelm Ziegler wegen Freiheitsberaubung nach § 239 Absatz 1 und 2 StGB mit der Anklageerhebung abschließen konnten, setzte er am 25. Juli 1991 auf der Flucht vor der Kriminalpolizei seinem Leben selbst ein Ende. Friedhelm Ziegler erhängte sich im Korridor der Wohnung Anna Zieglers und Hans Beimers im Haus Akazienweg 26.

Der selbsternannte Ordnungshüter Siegfried (Sigi) Kronmayr schlug seine zierliche Ehefrau Elfriede (Elfie), geborene Hoffmann. Am 22. Mai 1986 prügelte er im betrunkenen Zustand ohne einen ersichtlichen Grund Elfie solange, bis sie im Gesicht blutete. Elfie gelang es, vor weiteren qualvollen Erniedrigungen ihres Ehemannes zu ihrer Freundin Gabi Skabowski in die Wohngemeinschaft des Hauses Lindenstraße 3 zu flüchten. Elfie verzichtete darauf, ihren Ehemann bei den Strafverfolgungsbehörden anzuzeigen und einen entsprechenden Strafantrag zu stellen. Deshalb konnte Sigi Kronmayr nicht wegen Körperverletzung gemäß § 223 StGB bestraft werden. Die Staatsanwaltschaft und die Kriminalpolizei sind verpflichtet, von Amts wegen alle strafbaren Handlungen zu verfolgen, sofern zureichende tatsächliche Anhaltspunkte vorliegen (vgl. § 152 Absatz 2 StPO). Der sogenannte Legalitätsgrundsatz gilt nur für diejenigen Straftaten, die der Strafverfolgungsbehörde zur Kenntnis gelangen. Für die Folgen der Körperverletzung gab es Zeugen. Die Wohngemeinschaftsbewohner Chris Barnsteg, Wolf Drewitz, Gabi Skabowksi und Benno Zimmermann hätten gegenüber den Strafverfolgungsbehörden als Zeugen über die Art und das Ausmaß der Verletzungen, die Elfie durch Sigis Schläge erlitt, aussagen können. Diese Zeugen hätten keinen Strafantrag gegen Sigi stellen dürfen, weil es sich bei ihnen nicht um Verletzte der Straftat und damit um Antragsberechtigte im Sinne des § 77 Absatz 1 StGB handelte. Gemäß § 232 Absatz 1 Satz 1 StGB wird die Körperverletzung nach § 223 StGB nur auf Antrag verfolgt, es sei denn, daß die Strafverfolgungsbehörde wegen des besonderen öffentlichen Interesses an der Strafverfolgung ein Einschreiten von Amts wegen für geboten hält (§ 232 Absatz 1 Satz 1 StGB). Nach Nummer

233 der vornehmlich für die Staatsanwaltschaft bestimmten Richtlinien für das Strafverfahren und das Bußgeldverfahren (RiStBV) vom 1. Januar 1977 in der Fassung vom 1. Oktober 1992 ist das öffentliche Interesse an der Strafverfolgung von Körperverletzungen dann zu bejahen, wenn eine rohe Tat, eine erhebliche Mißhandlung oder eine erhebliche Verletzung vorliegen. Dies gilt auch, wenn die Körperverletzung in einer engen Lebensgemeinschaft begangen wurde. Deshalb hätte die Staatsanwaltschaft grundsätzlich gegen Sigi Kronmayr ein Ermittlungsverfahren wegen Körperverletzung gemäß § 223 StGB einleiten können. Es bleibt zu erwähnen, daß in der Ehe der Kronmayrs in der Folgezeit erhebliche Schwierigkeiten auftraten. Sigi Kronmayr machte ferner seinen Nachbarn im Hause Lindenstraße 3 das Leben schwer. Sigis Nachbarn weinten ihm keine Träne nach, als seine Versetzung nach Rosenheim erfolgte und er am 30. Oktober 1986 mit seiner Ehefrau Elfie die »Lindenstraße« verließ.

Am 27. April 1995 versuchte der liebestolle Olaf Kling, seine Ehefrau Claudia durch Schläge dazu zu zwingen, für den gewünschten Nachwuchs zu sorgen. Claudia Rantzow-Kling flüchtete entsetzt vor ihrem gewalttätigen Ehemann aus der Wohnung. Auf der Straße wurde sie durch ein fahrendes Auto erfaßt und tödlich verletzt. Olaf Kling machte sich aufgrund seines Verhaltens wegen Körperverletzung gemäß § 223 StGB in Tateinheit mit versuchter Nötigung gemäß den §§ 240 Absatz 1 Satz 1 und Absatz 4, 22 23 Absatz 1 StGB strafbar. Er mußte sich nicht vor einem Strafgericht verantworten, weil sein Vergehen den Strafverfolgungsbehörden nicht zur Kenntnis gelangte.

Der Waffenliebhaber Franz Wittich schoß als Mitglied einer selbsternannten Bürgerwehr in der Nacht vom 14. auf den 15. September 1989 mit dem zwölfjährigen Michael Beckmann einen kindlichen Einbrecher nieder. Michael, ein Schützling Carsten Flöters, brach in dieser Nacht in Enrico Pavarottis Pizzeria ein und entwendete Lebensmittel im Wert von etwa 20 DM. Bei diesem Einbruch überraschte ihn Onkel Franz, der nachts in der »Lindenstraße« seinen »Streifendienst« leistete, und veranlaßte ihn zur Flucht. Michael trug bei seinem Einbruch außer einem kleinen Taschenmesser, das sich unbenutzt in seiner Hosentasche befand, keine weitere Waffe bei sich.

Trotzdem fügte Onkel Franz dem davonlaufenden Michael mit einem gezielten Pistolenschuß eine schwere Beinverletzung zu. Wegen dieser Verletzung verbrachte Michael einige Zeit in einem Krankenhaus. Die Kriminalpolizei nahm Onkel Franz vorläufig fest. Er kam mehrere Tage in Untersuchungshaft. Die Hauptverhandlung gegen Franz Wittich fand am 23. August 1990 vor dem Landgericht – Schwurgericht – München unter dem Vorsitz des Richters Dr. Häberle statt. Der Staatsanwalt beantragte in der Hauptverhandlung gegen Franz Wittich wegen versuchten Totschlages in Tateinheit mit gefährlicher Körperverletzung gemäß den §§ 212 Absatz 1, 223 a Absatz 1, 52 Absatz 1 StGB eine Freiheitsstrafe von vier Jahren und drei Monaten zu verhängen. Das Gericht sprach Onkel Franz von diesem Vorwurf frei. Die Behauptung seines gerissenen Verteidigers Dr. Seidich, Franz Wittich habe in Notwehr gehandelt, ließ sich nicht widerlegen. Trotzdem wollte Onkel Franz gegen das Urteil »Berufung« einlegen, damit »die Wahrheit ans Licht komme«. Es gelang Dr. Häberle in einem Gespräch unter vier Augen, Franz Wittich von diesem Vorhaben abzuhalten.

Das Urteil gegen Franz Wittich läßt sich nicht beanstanden. Außer dem Geschädigten Michael Beckmann und Franz Wittich gab es keine weiteren Tatzeugen. Das Gericht sprach Onkel Franz wegen des Grundsatzes, daß im Zweifel zugunsten des Angeklagten zu entscheiden ist (vgl. Artikel 6 Absatz 2 MRK), frei. Onkel Franz hätte dieses Urteil nicht mit der Berufung, sondern nur mit der Revision anfechten können. Nach § 333 StPO ist gegen das Urteil des Landgerichts – Schwurgericht – nur die Revision zulässig. Ein Irrtum in der Bezeichnung des zulässigen Rechtsmittels ist unschädlich (vgl. § 300 StPO). Über ein als Berufung bezeichnetes Rechtsmittel der Revision gegen das Urteil des Landgerichts – Schwurgericht – München hätte der Bundesgerichtshof entscheiden müssen (vgl. § 135 Absatz 1 GVG). Der Bundesgerichtshof hätte die Revision entweder bereits durch Beschluß (vgl. § 349 Absatz 1 StPO) oder durch Urteil als unzulässig verwerfen müssen. Franz Wittich wurde durch das freisprechende Urteil nicht beschwert. Sein Rechtsmittel hätte schon aus diesem Grunde keine Aussicht auf Erfolg gehabt.

Am 7. März 1996 bedrohte der verzweifelte Momo Sperling seinen

Vater Kurt in der elterlichen Wohnung mit einem großen Küchenmesser. Kurt sollte zugeben, daß sein Verhältnis mit Iffi Zenker »eine Lüge« sei. Ansonsten werde Momo ihn mit dem Messer umbringen. Zwei Wochen später überfiel Mo-

mo in einem Zimmer des Münchner Hotels »Gloria« in rasendem Zorn seinen Vater Kurt und würgte ihn. In diesem Hotelzimmer hatten sich Kurt und Iffi in den letzten Monaten häufig zu Liebesstunden getroffen. Momo schlug Kurt mit einem gezielten Fausthieb zu Boden. Er warf sich auf seinen Vater und würgte ihn erneut. Dabei drohte Momo wiederum, ihn umzubringen. Kurt rief in Todesangst um Hilfe. Das Hotelpersonal rettete ihn im letzten Augenblick. Kurt verbrachte einige Tage in der Notfallstation eines Krankenhauses. Ein Gericht ordnete Momos Einweisung in die psychiatrische Abteilung des Krankenhauses München-Haar ein.

Bei Momo handelt es sich um den am 1. April 1975 geborenen Sohn der Ärztin Dr. Eva-Maria Sperling und des Bauingenieurs Kurt Sperling. Die Familie Sperling kehrte im Jahre 1992 nach einem fast zehnjährigen Aufenthalt im Ausland, zuletzt in Äthiopien, nach München zurück. Dr. Eva-Maria Sperling übernahm im Sommer 1992 die Arztpraxis Dr. Ludwig Dresslers. Am 15. Februar 1993 zog die Familie Sperling in die frühere Wohnung der Familie Schildknecht in das Haus Lindenstraße 3. In diesem Haus lebte die am 19. August 1978 in München geborene Iphigenie (Iffi) Zenker mit

ihrem Vater Andreas (Andy), ihrer Schwester Valerie sowie ihren Brüdern Josua (Jo) und Timotheus (Timo). Das eigenwillige Mädchen verliebte sich in den stillen Oberschüler mit den Rasterlocken. Gegen den erbitterten Widerstand ihrer Familien trafen sich Iffi und Momo in Zorro Pichelsteiners Wohnwagen auf dem Hinterhof des Hauses Lindenstraße 3. Diese Treffen blieben nicht ohne Folgen. Die damals fünfzehnjährige Iffi wurde schwanger. Am 12. Mai 1994 kam ihr Sohn Nicolai zur Welt. Trotz ihres jugendlichen Alters und ihrer schulischen Belastungen gelang es Iffi, ihrer Mutterrolle gerecht zu werden. Als Momo sich im Frühjahr 1995 auf seine Abiturprüfung vorbereitete, kümmerte sich der inzwischen arbeitslos gewordene Kurt einfühlsam um Iffi und Nicolai. Iffis Dankbarkeit verwandelte sich allmählich in eine tiefe Zuneigung für Kurt. Auch Kurt hegte schon seit längerer Zeit zärtliche Gefühle für Iffi. Am 3. August 1995 traf sich Iffi zum ersten Mal in den Dünen von Warnemünde mit Kurt. Es entwickelte sich in den folgenden Monaten eine leidenschaftliche Beziehung zwischen Iffi und Kurt. Diese Liebe ließ sich auf Dauer nicht verheimlichen. Als Momo Einzelheiten über das Verhältnis erfuhr, wollte er seinen Vater in blinder Eifersucht töten. Es gelang ihm, aus dem psychiatrischen Krankenhaus zu entkommen. Er tauchte noch einmal in seiner ehemaligen Wohnung auf. In der Folgezeit lebte Momo ohne festen Wohnsitz und trieb sich im Bereich des Münchner Hauptbahnhofs herum.

Momo könnte sich durch den Überfall auf seinen Vater wegen versuchten Totschlages gemäß den §§ 212, 22 23 Absatz 1 StGB strafbar gemacht haben. Dann müßte er nach seiner Vorstellung von der Tat unmittelbar dazu angesetzt haben, einen anderen Menschen zu töten. Momo wollte seinen Vater umbringen. Deshalb handelte er vorsätzlich. Dadurch, daß er seinen Vater zu Boden schlug und würgte, setzte er unmittelbar zur Verwirklichung des Tatbestandes des Totschlages an. Momo handelte auch rechtswidrig. Fraglich bleibt, ob er zum Zeitpunkt der Tat schuldfähig war. Seine Schuldfähigkeit könnte gemäß § 20 StGB ausgeschlossen oder gemäß § 21 StGB vermindert gewesen sein. Die Frage, ob Momo für seine Tat strafrechtlich verantwortlich war, läßt sich nur durch ein ärztliches Sachverständigengutachten im Rahmen eines Strafverfahrens feststellen. Unter der Voraussetzung, daß Momo zum Zeitpunkt der Tat schuldfähig war, könnte ein strafbefreiender Rücktritt von der Tat gemäß § 24 Absatz 1 Satz 1, 1. Alt. StGB in Betracht kommen. Dies setzt voraus, daß Momo freiwillig die weitere Ausführung der Tat aufgab. Das Hotelpersonal verhinderte, daß Momo seinen Vater umbrachte. Momo gab die weitere Ausführung der Tat nicht freiwillig auf. Ein strafbefreiender Rücktritt von der Tat gemäß § 24 Absatz 1 Satz 1, 1. Alt. StGB kommt nicht in Betracht. Momo müßte für den Fall seiner Schuldfähigkeit wegen versuchten Totschlages gemäß den §§ 212, 22, 23 Absatz 1 StGB verurteilt werden.

Die Tatsache, daß Momos Einweisung in ein psychiatrisches Krankenhaus erfolgte, spricht allerdings dafür, daß er zum Zeitpunkt der Tat nicht oder nur vermindert schuldfähig war. Diese Einweisung erfolgte nach § 126 a StPO. Nach dieser Vorschrift kann das Gericht, falls dringende Gründe für die Annahme vorhanden sind, daß jemand eine rechtswidrige Tat im Zustand der Schuldunfähigkeit (§ 20 StGB) oder verminderten Schuldfähigkeit (§ 21 StGB) begangen hat und daß seine Unterbringung in einem psychiatrischen Krankenhaus oder einer Entziehungsanstalt angeordnet werden wird, durch Unterbringungsbefehl die einstweilige Unterbringung in einer dieser Anstalten anordnen, wenn die öffentliche Sicherheit es erfordert.

Unter der Voraussetzung, daß Momo zum Zeitpunkt der Tat schuldunfähig oder vermindert schuldfähig war, müßte er als Rechtsfolge seiner Tat mit einer Unterbringung in einem psychiatrischen Krankenhaus rechnen. Diese Unterbringung erfolgt nach § 63 StGB. Danach ordnet das Gericht die Unterbringung in einem psychiatrischen Krankenhaus an, soweit jemand eine rechtswidrige Tat im Zustand der Schuldunfähigkeit (§ 20 StGB) oder der verminderten Schuldfähigkeit (§ 21 StGB) begangen hat, wenn die Gesamtwürdigung des Täters und seiner Tat ergibt, daß von ihm infolge seines Zustandes erhebliche rechtswidrige Taten zu erwarten sind und er deshalb für die Allgemeinheit gefährlich ist.

Der Fall Momo Sperling konnte bisher nicht abgeschlossen werden, weil der Strafverfolgungsbehörde sein gegenwärtiger Aufenthaltsort noch nicht bekannt geworden ist.

# 6 Der Fall Else Kling und andere: Demonstrationen in der »Lindenstraße«

Die Bewohner der »Lindenstraße« traten wiederholt in die Öffentlichkeit, um dort ihre Meinungen kundzugeben.

Am 12. Mai 1988 veranstaltete Lydia Nolte eine Demonstration der Patienten des Arztes für Allgemeinmedizin, Dr. Ludwig Dressler, in seinen Praxisräumen im Haus Lindenstraße 7. Dr. Dressler hatte sich in der Vergangenheit mehrmals während der Sprechstunde angetrunken in seinen Praxisräumen aufgehalten. Die Ärztekammer München hatte gegen Dr. Dressler ein Disziplinarverfahren mit dem Vorwurf eingeleitet, daß er Patienten im betrunkenen Zustand behandelt habe. Bei der Demonstration konnten sie diesen Vorwurf durch ihre »Zeugenaussagen« entkräften und Dr. Dressler ihr Vertrauen aussprechen. Daraufhin stellte die Ärztekammer das Disziplinarverfahren ein.

Dadurch, daß Lydia Nolte und einige weitere Patienten Dr. Dresslers in seinen Praxisräumen demonstrierten, könnten sie sich wegen gemeinschaftlichen Hausfriedensbruches gemäß den §§ 123 Absatz 1, 1. Alt., 25 Absatz 2 StGB strafbar gemacht haben. Nach dieser Vorschrift wird bestraft, wer in die Geschäftsräume eines anderen widerrechtlich eindringt. Geschäftsräume sind Räumlichkeiten, die hauptsächlich und für eine gewisse Dauer für die Geschäftstätigkeit bestimmt sind (vgl. RGSt 32, Seite 371; vgl. auch OLG Köln NJW 1982, Seite 2740). Bei Dr. Dresslers Praxisräumen handelt es sich um Geschäftsräume im Sinne des § 123 Absatz 1 StGB. Eindringen bedeutet ein Betreten gegen den Willen des Berechtigten (vgl. BGH MDR 1968, Seite 551). Das Tatbestandsmerkmal des Eindringens liegt nicht vor, wenn der Inhaber des Hausrechts mit dem Betreten seiner Räumlichkeiten einverstanden ist. Die Erlaubnis des Hausrechtsinhabers schließt bereits den Tatbestand des § 123 Absatz 1, 1. Alt. StGB aus. Es ist davon auszugehen, daß die Demonstration am 12. Mai 1988 mit Einverständnis Dr. Dresslers stattfand. Deshalb machten sich Lydia Nolte und die übrigen Demonstranten nicht wegen gemeinschaftlichen Hausfriedensbruches gemäß den §§ 123 Absatz 1, 1. Alt., 25 Absatz 2 StGB strafbar.

Drei Monate später, am 18. August 1988, setzte sich Chris Barnsteg mit einem großen Transparent, das die Aufschrift »Waffen raus aus Europa« trug, zwischen dem Haus Lindenstraße 3 und dem Supermarkt auf die Fahrbahn und blockierte für einige Zeit den Straßenverkehr. Anschließend ließ sich Chris von zwei Polizeibeamten von der Fahrbahn auf den Gehweg tragen. Es steht nicht fest, ob sich Chris Barnsteg wegen dieser Straßenblockade strafrechtlich verantworten mußte. Nach dem zum Zeitpunkt der Tat geltenden Recht hätte Chris Barnsteg für ihr Verhalten wegen Nötigung gemäß § 240 Absatz 1 Satz 1 StGB bestraft werden können. Das Bundesverfassungsgericht bestätigte durch sein Urteil vom 11. November 1986 zur Strafbarkeit sogenannter Sitzblockaden die Vereinbarkeit des § 240 StGB mit Artikel 103 Absatz 2 GG (nach Artikel 103 Absatz 2 GG kann eine Tat nur bestraft werden, wenn die Strafbarkeit gesetzlich bestimmt war, bevor die Tat begangen wurde). Zugleich verlangte das Bundesverfassungsgericht jedoch auch eine verfassungsentsprechende Auslegung und Anwendung der Strafbestimmung der Nötigung in dem Sinne, daß das Vorliegen nötigender Gewalt nicht schon ein Indiz für die Rechtswidrigkeit der Tat bilden dürfe, deren Beurteilung vielmehr unter Berücksichtigung aller Umstände des Einzelfalles anhand des § 240 Absatz 2 StGB vorgenommen werden müsse (vgl. BVerfGE 73, Seiten 206 ff.). Nach dem heute geltenden Recht hätte sich Chris aufgrund ihres Verhaltens nicht wegen Nötigung gemäß § 240 Absatz 1 Satz 1 StGB strafbar gemacht. In seinem Beschluß vom 10. Januar 1995 (vgl. BVerfG NJW 1995, Seiten 1141 bis 1144) erklärte das Bundesverfassungsgericht das Tatbestandsmerkmal der Gewalt im Sinne des § 240 Absatz 1 Satz 1 StGB mit Artikel 103 Absatz 2 GG nicht für vereinbar, soweit die Gewalt sich bei Sitzblockaden lediglich auf die körperliche Anwesenheit der Demonstranten und die davon ausgehende psychische Zwangseinwirkung bezieht. Das höchste deutsche

Gericht stellte darauf ab, daß Artikel 103 Absatz 2 GG nicht nur der Tatbestandserweiterung, sondern auch der tatbestandsausweitenden Auslegung Grenzen setze. Der Gesetzgeber habe in der Strafbestimmung der Nötigung nicht jede Zwangseinwirkung auf den Willen Dritter unter Strafe stellen wollen, die Strafbarkeit vielmehr von der Wahl bestimmter Nötigungsmittel abhängig gemacht. Das Nötigungsmittel der Gewalt könne, weil die Ausübung des Zwangs bereits im Begriff der Nötigung enthalten sei, nicht mit dem Zwang zusammenfallen, sondern müsse über diesen Begriff hinausgehen. Zwangseinwirkungen, die nicht auf dem Einsatz körperlicher Kraft, sondern auf einem geistig-seelischen Einfluß beruhten, könnten unter Umständen das Tatbestandsmerkmal der Drohung, nicht aber das der Gewaltanwendung erfüllen. Unerwünschte Strafbarkeitslücken zu schließen sei Sache des Gesetzgebers, nicht Aufgabe der Gerichte. Eine Änderung des § 240 Absatz 1 Satz 1 GG durch den Gesetzgeber nach Maßgabe des Beschlusses des Bundesverfassungsgerichts vom 10. Januar 1995 erfolgte bisher nicht.

Am 8. Juni 1989 hängten Benny Beimer und seine damalige Freundin und Mitschülerin Kornelia Harnisch ein Transparent gegen Atomenergie aus dem Fenster eines Klassenzimmers ihres Gymnasiums. Das Transparent trug die Aufschrift »Mit dem Licht der Erkenntnis gegen Atomenergie«. Benny und Kornelia mußten wegen dieser Demonstration die Schule verlassen. Benny hatte bereits am 25. Mai 1989 durch den Schuldirektor einen verschärften schriftlichen Verweis erhalten, weil er in der Schule aus Protest gegen Atomenergie die Stromversorgung unterbrochen hatte. Wegen der engen Beziehungen, die Kornelias Vater zum Schuldirektor unterhielt, gelang es ihm, die Rücknahme der Schulentlassung für seine Tochter zu erreichen. Es blieb bei der Schulentlassung für Benny. Kornelia entschloß sich, gegen diese Ungleichbehandlung vorzugehen. Sie machte das Verhalten ihres Vaters in der Schule bekannt und veranstaltete mit ihren Klassenkameraden einen Streik. Die Lehrerkonferenz entließ wegen dieses Streiks Kornelia Harnisch endgültig von der Schule.

Dadurch, daß Benny und Kornelia in ihrem Gymnasium mit einem Transparent gegen Atomenergie demonstrierten, verstießen sie nicht gegen Strafgesetze. Dies gilt ebenfalls für den Streik, den Kornelia mit ihren Klassenkameraden unternahm. Anhaltspunkte dafür, daß Benny und Kornelia insoweit gegen das Hausrecht des Schuldirektors verstießen und sich daher wegen Hausfriedensbruches gemäß § 123 Absatz 1 StGB strafbar machten, liegen nicht vor. Es läßt sich nicht erkennen, daß Benny, indem er in der Schule die Stromversorgung unterbrach, fremde Sachen beschädigte und daher eine Sachbeschädigung gemäß § 303 Absatz 1 StGB beging.

Zur Sicherung des gesetzlichen Bildungs- und Erziehungsauftrages oder zum Schutz von Personen und Sachen durften aber gegenüber den Schülern Benny und Kornelia nach dem Grundsatz der Verhältnismäßigkeit Ordnungsmaßnahmen getroffen werden, soweit andere Erziehungsmaßnahmen nicht ausreichten (vgl. Artikel 63 Absatz 1 des Bayerischen Gesetzes über das Erziehungs- und Unterrichtswesen (BayEUG) in der Fassung vom 29. Februar 1988). Zu den Ordnungsmaßnahmen gehört nach Artikel 63 Absatz 2 Nr. 8 BayEUG die Entlassung von der Schule durch die Lehrerkonferenz. Das Entlassungsverfahren bestimmt sich nach Artikel 64 BayEUG. Es bleibt fraglich, ob die grundsätzlich statthafte Entlassung von der Schule im Fall Benny Beimers und Kornelia Harnischs rechtmäßig war. Benny und Kornelia machten durch ihre Demonstration gegen Atomenergie von ihrem Grundrecht auf Meinungsfreiheit gemäß Artikel 5 Absatz 1 Satz 1 GG Gebrauch. Dieses Grundrecht läßt sich zwar durch das schulrechtliche Verbot politischer Werbung, das sich aus Artikel 35 Absatz 2 BayEUG in Verbindung mit Artikel 61 Absatz 2 BayEUG ergibt, einschränken. Nach der Rechtsprechung stellt sich das Verbot der politischen Werbung in der Schule angesichts des Grundrechts auf freie Meinungsäußerung nach Artikel 5 Absatz 1 Satz 1 GG nur als Verbot parteipolitischer Werbung dar. Bei der Werbung für Bürgerinitiativen und sonstige nicht auf bestimmte Parteien festgelegte Vereinigungen handelt es sich nicht um politische Werbung (vgl. BayVGH, NVwZ 1994, Seite 922). Deshalb erscheint es zweifelhaft, ob bei einer Demonstration gegen Atomenergie politische Werbung vorliegt. Im übrigen stellt sich die Frage, ob die Entlassung Bennys und Kornelias von der Schule nicht gegen den Grundsatz der Verhältnismäßigkeit verstieß. Die Rechtsprechung lehnt Einschränkungen der Meinungsfreiheit der Schüler beim Tragen von Plaketten in der Regel ab und hält eine Entlassung von der Schule wegen Tragens einer »Stoppt-Strauß«-Plakette für unzulässig. Eine derartig drastische Maßnahme verstoße gegen den Verhältnismäßigkeitsgrundsatz und sei für das geordnete Durchführen eines funktionierenden Schulbetriebes nicht unerläßlich, selbst wenn die Aussage der Plakette agitatorisch-provozierenden Charakter aufweise. Eine ernsthafte Gefährdung sei durch die vergleichsweise unaufdringliche Art der Meinungsäußerung nicht gegeben (vgl. BayVGH, DVBl. 1982, Seite 457). Der bayerische Gesetzgeber erlaubte mittlerweile, obwohl politische Werbung in der Schule allgemein untersagt bleibt, das Tragen von Plaketten, wenn dadurch nicht der Schulfriede, der geordnete Schulbetrieb, die Erfüllung des Bildungs- und Erziehungsauftrages, das Recht der persönlichen Ehre oder die Erziehung zur Toleranz gefährdet wird (vgl. Artikel 61 Absatz 3 BayEUG). Im Hinblick auf die genannte Rechtsprechung, die Bedeutung des Grundrechts der Meinungsfreiheit und den Grundsatz der Verhältnismäßigkeit bestehen erhebliche Zweifel, ob Bennys und Kornelias Entlassung von der Schule rechtmäßig war. Benny und Kornelia wehrten sich nicht gegen diese Entscheidung der Lehrerkonferenz. Kornelia setzte ihre Schulausbildung an einem anderen Gymnasium fort (vgl. zur Möglichkeit der Aufnahme eines entlassenen Schülers an einer anderen Schule auch Artikel 64 Absatz 3 Bay EUG), bestand das Abitur und nahm ein Studium auf. Benny leistete nach der Schulentlassung seinen Ersatzdienst. Er betreute während seines Ersatzdienstes Schwerbehinderte, unter anderem den anstrengenden Christoph Bogner. Später setzte Benny seine Schulausbildung an einer Abendschule fort.

Benny Beimer nahm an verschiedenen Einsätzen der Umweltschutzorganisation »Robin Wood«, beispielsweise im November 1989 in Hamburg, teil. Einzelheiten über diese Einsätze blieben unbekannt. Deshalb läßt sich nicht feststellen, ob sich Benny Beimer durch seine Teilnahme strafbar machte.

Am 1. November 1990 rief Benny Beimer zum bundesweiten Stromboykott auf. Danach sollten alle Bundesbürger um 19 Uhr für fünf Minuten den Strom in ihren Haushalten abschalten. Die Bewohner der »Lindenstraße« folgten überwiegend diesem Aufruf. Benny Beimer verstieß durch seinen Boykottaufruf nicht gegen Strafgesetze.

Bevor Benny weitere Protestaktionen ausführen konnte, verunglückte er im Alter von dreiundzwanzig Jahren tödlich.

Beate und Vasily Sarikakis demonstrierten gemeinsam mit einigen anderen Personen am 16. Oktober 1994, dem Tag der Wahl zum dreizehnten Deutschen Bundestag, vor einem Münchner Wahllokal für das Wahlrecht der in Deutschland lebenden Ausländer. Wegen der Teilnahme an dieser Demonstration machten sich Beate und Vasily Sarikakis nicht wegen gemeinschaftlicher Wahlbehinderung gemäß den §§ 107 Absatz 1, 25 Absatz 2 StGB oder zumindest wegen gemeinschaftlicher versuchter Wahlbehinderung gemäß den §§ 107 Absatz 1 und Absatz 2, 22, 23 Absatz 1, 25 Absatz 2 StGB strafbar.

Wegen Wahlbehinderung wird bestraft, wer mit Gewalt oder durch Drohung mit Gewalt eine Wahl oder die Feststellung ihres Ergebnisses verhindert oder stört. Beate und Vasily Sarikakis wendeten weder das Mittel der Gewalt noch das Mittel der Drohung mit Gewalt an, um für das Wahlrecht der in der Bundesrepublik Deutschland lebenden Ausländer zu demonstrieren.

Außerdem protestierten die Eheleute Elena und Panaiotis Sarikakis sowie Beate und Vasily Sarikakis im Herbst 1994 vor der türkischen Botschaft in Bonn gegen die Folter in der Türkei.

Schließlich demonstrierte die Putzfrau Else Kling am 18. April 1996 vor dem Roten Rathaus in Berlin-Mitte, dem Amtssitz des Regierenden Bürgermeisters von Berlin, Eberhard Diepgen, gegen die Umbenennung der in Berlin-Kreuzberg gelegenen Lindenstraße in Axel-Springer-Straße. Ein grüngepunktetes Kopftuch bedeckte Else Klings schlohweißes Haar. Mit brauner Wickelschürze, rotem Lippenstift, einem weißen Berliner Bären aus Stoff mit einer kleinen Goldkrone im rechten Arm und einem Schild in der linken Hand zeigte sich die »Putzfrau der Nation« der aufmerksamen Öffentlichkeit. Das Schild trug die Aufschrift »Lindenstraße muß Lindenstraße bleiben«. Else Kling schimpfte vor einer Schar neugieriger Journalisten: »Ich bin die Lindenstraße!« und »Axel-Springer-Straße weg – Lindenstraße her!« Der Regierende Bürgermeister von Berlin, den Else sprechen wollte, erschien nicht vor dem Rathaus. Deshalb schlich sie sich am Empfangspersonal vorbei in das Gebäude, um Eberhard Diepgen zu suchen. Vor dem Gang zum Dienstzimmer des Bürgermeisters hielt sein Pressesprecher die forsche Putzfrau auf. Er schloß im Gespräch mit ihr eine Rückbenennung der Lindenstraße in Axel-Springer-Straße aus. Daraufhin forderte Else Kling, die benachbarte Kochstraße in Rudi-Dutschke-Straße umzubenennen. Der Pressesprecher des Bürgermeisters lehnte dies ab. Er einigte sich schließlich mit der Besucherin aus München darauf, ein späteres gemeinsames Auftreten des Regierenden Bürgermeisters, der Mitwirkenden der »Lindenstraße« und der Berliner Senatorin für Jugend und Familie zum Bestand eines in der Axel-Springer-Straße gelegenen Jugendzentrums zu gewährleisten.

Else Kling wurde am 14. Mai 1922 in Traunstein geboren. Gegen Ende des Zweiten Weltkrieges, im Jahre 1944, lernte sie den Soldaten Egon Kling kennen. 1952 heiratete sie ihn. Nach drei Jahren Ehe kam am 10. November 1955 Sohn Olaf zur Welt. Seit 1965 leben Else und Egon Kling als Hausmeisterehepaar in der Lindenstraße 3 in München. Im Sommer 1986 übernahmen Else und Egon den Kiosk des Weltenbummlers Gottlieb Griese. Am 11. Juni 1987 gewann Else Kling im Lotto einen Geldbetrag von 31.000 DM. Aus Freude über diesen Gewinn tanzte die ansonsten grantige Else ausgelassen auf dem Hinterhof des Hauses Lindenstraße 3, stürzte und erlitt eine schmerzhafte Knöchelverletzung. Das gewonnene Geld benutzte Else dazu, um im Juli 1987 im Keller des Hauses Lindenstraße 3 einen Waschsalon einzurichten. Im Januar 1989 nahm Else Kling für einige Wochen den unbeliebten Franz Wittich bei sich auf. Gemeinsam unternahmen sie einen Erholungsurlaub auf die Insel Mallorca. Nach ihrer Rückkehr warf Egon Kling den lästigen Hausfreund im April 1989 aus der Wohnung. Später zeigte Onkel Franz aus Rache Else Kling wegen Steuerhinterziehung an. Seit dem 30 April 1993 erschien auch Else und Egon Klings Sohn Olaf in der »Lindenstraße«. Am 3. März 1994 zog Else Kling als Kunstmalerin in den Wohnwagen Zorro Pichelsteiners, der nach seinem Umzug nach Landshut verwaist auf dem Hinterhof des Hauses Lindenstraße 3 stand. Eine Woche später setzte  Else durch eine Unachtsamkeit den Wohnwagen in Brand und kam durch die Flammen beinahe ums Leben.

Kurze Zeit später scheiterte ihre Ehe. Ende des Jahres 1995 trennte sich Egon von Else und betrieb die Scheidung. Diese Trennung stellte für sie einen schweren Schicksalsschlag dar. Auch nach Elses Schlaganfall im August 1996 ließ sich Egon von seinem Vorhaben nicht abbringen. Elses Pflege übernahm ihre dritte Schwiegertochter Mary.

Dadurch, daß Else Kling für den Erhalt der Lindenstraße in Berlin demonstrierte, machte sie von ihrem Grundrecht auf Meinungsfreiheit Gebrauch. Auf das Grundrecht der Versammlungsfreiheit gemäß Artikel 8 Absatz 1 GG durfte sich Else nicht berufen. Danach haben alle Deutschen das Recht, sich ohne Anmeldung oder Erlaubnis friedlich und ohne Waffen zu versammeln. Eine Versammlung liegt vor, wenn mehrere, mindestens drei, Menschen zusammenkommen, um gemeinsam private oder öffentliche Angelegenheiten zu erörtern, sonst geistig aufeinander einzuwirken oder ihre Meinung zum Einwirken auf Dritte kundzutun. Dazu zählt nicht eine bloße Menschenansammlung (vgl. BVerfGE 56, Seite 69). Elses Demonstration fällt nicht unter das Grundrecht der Versammlungsfreiheit.

Das Grundrecht auf Meinungsfreiheit gewährleistet Artikel 5 Absatz 1 Satz 1 GG. Danach hat jedermann das Recht, seine Meinung in Wort, Schrift und Bild frei zu äußern und zu verbreiten. Meinungen sind Äußerungen oder Stellungnahmen wertenden Inhalts. Es spielt keine Rolle, welche Bereiche die Meinungen berühren. Sie können öffentliche, insbesondere politische oder private Zwecke verfolgen. Durch Artikel 5 Absatz 1 Satz 1 GG bleibt die private Meinungsbildung eines Menschen jeder durch Zwang oder Druck verbundenen Einflußnahme des Staates entzogen. Die freie Meinungsäußerung beinhaltet das Recht, eine Meinung frei zu verbreiten und einem zahlenmäßig nicht bestimmten Personenkreis zugänglich zu machen. Es bleibt gleichgültig, auf welche Weise die Meinungsverbreitung erfolgt. Die Aufzählung »in Wort, Schrift oder Bild« stellt sich nicht als abschließend dar, sondern bleibt beispielhaft gemeint. Deshalb handelt es sich bei den Äußerungen Else Klings für den Erhalt der Lindenstraße in Berlin um grundsätzlich durch Artikel 5 Absatz 1 Satz 1 GG geschützte Meinungen.

Das Grundrecht der Meinungsfreiheit verwirklicht die Geistesfreiheit, die seit dem Zeitalter der Aufklärung zu den Leitgedanken einer menschenwürdig verfaßten Gesellschaft zählt. Diese bezieht sich vor allem auf die Selbstbestimmung und die Vernunft des einzelnen Menschen, die ihn aus seiner Unmündigkeit befreien sollten. Mit diesen Gedanken blieben die Forderungen nach Denk- und Redefreiheit verbunden. Die sittliche und geistige Selbstbestimmung des Menschen sollte sich nicht nur in dem Streben um die Glaubens- und Gewissensfreiheit, sondern in dem Bemühen um eine eigenständige Meinungsfreiheit bewähren, die sich als politische Freiheit gegen jedes Bevormunden richtete. Im Jahre 1789 gewährleistete die Französische Erklärung der Menschenrechte und zwei Jahre später der erste Zusatzartikel (»Amendment«) zur Verfassung der Vereinigten Staaten von Amerika die Meinungs- und Redefreiheit. In Deutschland bedurfte es weiterer Bemühungen, um die Meinungsfreiheit durchzusetzen. Erst der Entwurf der Deutschen Reichsverfassung, den die deutsche Nationalversammlung am 28. März 1849 in der Frankfurter Paulskirche beschloß, enthielt ein Grundrecht der Meinungs- und Pressefreiheit. Diese Verfassung trat nicht in Kraft, weil der damalige König Friedrich Wilhelm IV. von Preußen die deutsche Kaiserwürde ablehnte. Der preußische König wollte »die Kaiserkrone nicht aus der

Hand des deutschen Volkes, sondern nur aus der Hand der deutschen Fürsten annehmen«. Die Deutsche Reichsverfassung vom 16. April 1871 enthielt keine Grundrechte. Zwar schuf das Reichspressegesetz vom 25. April 1874 besondere Schutzvorschriften für die Presse. Das sogenannte Sozialistengesetz vom Oktober 1878 zeigte mit dem in ihm enthaltenen Verbot aller Druckschriften, daß der rechtliche Schutz der Meinungs- und Pressefreiheit nicht ausreichte. Erst Artikel 118 der Weimarer Reichsverfassung (WRV) vom 11. August 1919 gewährleistete allen Deutschen die Meinungs- und Pressefreiheit mit dem Vorbehalt der Beschränkung durch die allgemeinen Gesetze. Der nationalsozialistische Staat beseitigte die Meinungs- und Pressefreiheit und nahm die vollständige Gleichschaltung der deutschen Presse vor. Das Grundgesetz für die Bundesrepublik Deutschland vom 23. Mai 1949 garantiert die Meinungsfreiheit als Grundrecht in seinem Artikel 5 Absatz 1 Satz 1 GG.

Dieses Grundrecht findet gemäß Artikel 5 Absatz 2 GG seine Schranken in den Vorschriften der allgemeinen Gesetze, den gesetzlichen Bestimmungen zum Schutze der Jugend und in dem Recht der persönlichen Ehre. Als das Grundrecht der Meinungsfreiheit beschränkende allgemeine Gesetze kommen Bestimmungen in Betracht, die nicht eine Meinung als solche verbieten, sondern dem Schutz eines Rechtsgutes dienen, dem gegenüber der Meinungsfreiheit ein Vorrang zukommt. Auf die Äußerungen Else Klings für den Erhalt der Lindenstraße in Berlin finden diese Gesetze keine Anwendung.

Else Kling könnte sich durch ihr Verhalten wegen versuchter Nötigung von Verfassungsorganen gemäß den §§ 105 Absatz 1 Nr. 3, 22, 23 Absatz 1 StGB strafbar gemacht haben. Danach wird bestraft, wer nach seiner Vorstellung von der Tat unmittelbar dazu ansetzt, die Regierung eines Landes rechtswidrig mit Gewalt oder durch Drohung mit Gewalt zu nötigen, ihre Befugnisse nicht oder in einem bestimmten Sinne auszuüben. Die Strafbarkeit der versuchten Nötigung von Verfassungsorganen ergibt sich aus § 105 Absatz 1 Nr. 3 StGB in Verbindung mit den §§ 22, 23 Absatz 1, 12 Absatz 1 StGB. Der Regierende Bürgermeister von Berlin gehört nicht zu dem durch die Strafvorschrift des § 105 Absatz 1 Nr. 3 StGB geschützten Personenkreis.

Es handelt sich beim Regierenden Bürgermeister von Berlin nicht um die Regierung eines Landes im Sinne des § 105 Absatz 1 Nr. 3 StGB. Die Regierung von Berlin wird durch den Senat ausgeübt (vgl. Artikel 55 Absatz 1 der Verfassung von Berlin – VvB – vom 23. November 1995). Der Senat besteht gemäß Artikel 55 Absatz 2 VvB aus dem Regierenden Bürgermeister von Berlin und höchstens zehn weiteren Senatsmitgliedern (Bürgermeister und Senatoren). Damit handelt es sich beim Regierenden Bürgermeister von Berlin nur um ein Mitglied eines Verfassungsorgans. Eine Strafbarkeit Else Klings wegen versuchter Nötigung von Verfassungsorganen gemäß den §§ 105 Absatz 1 Nr. 3, 22, 23 Absatz 1 StGB scheidet damit aus.

Else Kling könnte sich wegen versuchter Nötigung von Mitgliedern eines Verfassungsorgans nach den §§ 106 Absatz 1, 22, 23 Absatz 1 StGB strafbar gemacht haben. Die Strafbarkeit der versuchten Nötigung von Mitgliedern eines Verfassungsorgans ergibt sich aus § 106 Absatz 2 StGB. Wegen versuchter Nötigung von Mitgliedern eines Verfassungsorgans wird bestraft, wer nach seiner Vorstellung von der Tat unmittelbar dazu ansetzt, ein Mitglied der Regierung eines Landes rechtswidrig mit Gewalt oder durch Drohung mit einem empfindlichen Übel zu nötigen, seine Befugnisse nicht oder in einem bestimmten Sinne auszuüben. Zwar handelt es sich beim Regierenden Bürgermeister von Berlin um ein Mitglied eines Verfassungsorgans. Es läßt sich nicht feststellen, daß Else Kling durch ihr Verhalten versuchte, den Regierenden Bürgermeister von Berlin rechtswidrig mit Gewalt oder durch Drohung mit einem empfindlichen Übel dazu zu nötigen, die Umbenennung der Lindenstraße in Axel-Springer-Straße zu verhindern. Else Kling machte sich nicht wegen versuchter Nötigung von Mitgliedern eines Verfassungsorgans nach den §§ 106 Absatz 1, 22, 23 Absatz 1 StGB strafbar.

Else Kling könnte sich wegen Bannkreisverletzung gemäß § 106 a Absatz 1 StGB strafbar gemacht haben. Nach dieser Vorschrift macht sich strafbar, wer innerhalb des befriedeten Bannkreises um das Gebäude des Gesetzgebungsorgans eines Landes an öffentlichen Versammlungen unter freiem Himmel oder Aufzügen teilnimmt und dadurch Vorschriften verletzt, die über den Bannkreis erlassen wurden. Else Kling demonstrierte nicht innerhalb des befriedeten Bannkreises um das Gebäude des Gesetzgebungsorgans eines Landes. Beim Regierenden Bürgermeister handelt es sich nicht um das Gesetzgebungsorgan des Landes Berlin. Nach Artikel 60 Absatz 1 VvB erfolgt die Gesetzgebung durch das Berliner Abgeordnetenhaus. Deshalb befindet sich nach § 1 des Berliner Gesetzes über die Befriedung des Tagungsortes des Abgeordnetenhauses von Berlin (Berliner Bannmeilengesetz) in der Fassung vom 6. April 1993 ein befriedeter Bannkreis um das Gebäudes des ehemaligen Preußischen Landtages, des Tagungsortes des Berliner Abgeordnetenhauses, nicht jedoch um das Rote Rathaus. Damit scheidet eine Strafbarkeit Else Klings wegen Bannkreisverletzung gemäß § 106 a Absatz 1 StGB aus.

Else Kling könnte sich wegen Störung der Tätigkeit eines Gesetzgebungsorgans nach § 106 b Absatz 1 StGB strafbar gemacht haben. Nach dieser Bestimmung wird bestraft, wer gegen Anordnungen verstößt, die ein Gesetzgebungsorgan eines Landes oder sein Präsident über die Sicherheit und Ordnung im Gebäude des Gesetzgebungsorgans oder auf dem dazugehörenden Grundstück allgemein oder im Einzelfall erläßt, und dadurch die Tätigkeit des Gesetzgebungsorgans hindert oder stört. Beim Regierenden Bürgermeister handelt es sich nicht um ein Gesetzgebungsorgan des Landes Berlin. Deshalb scheidet eine Strafbarkeit Else Klings wegen Störung der Tätigkeit eines Gesetzgebungsorgans gemäß § 106 b Absatz 1 StGB aus.

Schließlich könnte sich Else Kling wegen Hausfriedensbruches gemäß § 123 Absatz 1 StGB strafbar gemacht haben. Nach dieser Vorschrift wird bestraft, wer in abgeschlossene Räume, welche zum öffentlichen Dienst oder Verkehr bestimmt sind, widerrechtlich eindringt. Bei den Amtszimmern des Regierenden Bürgermeisters im Roten Rathaus handelt es sich um abgeschlossene Räume, die für den öffentlichen Dienst oder Verkehr bestimmt sind. Else Kling drang in diese Amtsräume jedoch nicht widerrechtlich ein, obwohl sie sich am Empfangspersonal vorbei in das Gebäude schlich. Zwar kann das Betreten fremder Räume das Tatbestandsmerkmal des Eindringens erfüllen. Dieser Grundsatz gilt nicht bei Räumlichkeiten, die aufgrund einer allgemeinen Erlaubnis dem Publikumsverkehr offenstehen. Die Verfolgung eines widerrechtlichen oder unerwünschten Zwecks reicht für sich allein nicht aus, um das Betreten zum Eindringen zu machen. Daher machte sich Else Kling nicht wegen Hausfriedensbruches gemäß § 123 Absatz 1 StGB strafbar.

Eine Strafbarkeit Else Klings wegen ihrer Demonstration gegen die Umbenennung der Berliner Lindenstraße in Axel-Springer-Straße scheidet aus.

»Der Tod ist ein Meister aus Deutschland.«

*(Paul Celan)*

# 7 Der Fall Amelie von der Marwitz und andere: Die »Lindenstraße« und das Hakenkreuz

In der »Lindenstraße« lebten früher und leben noch heute Opfer, Mitläufer und Täter der nationalsozialistischen Vergangenheit gemeinsam als Nachbarn oder Bekannte nebeneinander.

Zu den Opfern gehörte der italienische Pizzabäcker und spätere Inhaber des Restaurants »Casarotti«, Enrico Pavarotti. Enrico mußte einen Teil seiner Kindheit als jüdischer Häftling in dem Konzentrationslager Auschwitz verbringen. Zwei seiner Schwestern und seine Eltern starben in der Gaskammer. Enricos ältester Bruder wurde mit vierzehn Jahren erschossen. Seine jüngste Schwester Aurelia verhungerte im Lager. Enrico gehörte zu den siebentausendsechshundertundfünfzig Häftlingen des Lagers, die die Soldaten der Roten Armee am 27. Januar 1945 befreiten. Die an seinem linken Handgelenk eintätowierte Häftlingsnummer A (für Auschwitz) 46197 verbarg Enrico mit einer schwarzen Ledermanschette. Über seine schrecklichen Erlebnisse im Konzentrationslager berichtete er selten. Der stets liebenswürdige und heitere Italiener sprach nur mit seiner Ehefrau Isolde und der zartfühlenden Valerie Zenker über seine Kindheitserlebnisse. Valerie Zenker zeigte sich erschüttert über Enricos Schilderungen. Sie las daraufhin verschiedene Bücher über das so-

genannte Dritte Reich. Aus Solidarität mit den Opfern der deutschen Konzentrationslager ließ sich Valerie von Zorro Pichelsteiner die Kopfhaare abrasieren. Zorro schlug ihr vor, gemeinsam die Gedenkstätte des ehemaligen Konzentrationslagers Bergen-Belsen bei Celle zu besuchen.

Zu den sogenannten Mitläufern der nationalsozialistischen Vergangenheit in der »Lindenstraße« zählt vor allem Franz Wittich. Er wurde am 24. Juli 1913 in Herne geboren und ist der Bruder des Vaters der »guten Mutter« Helga Beimer (vgl. Monika Paetow [Hrsg.], a.a.O., Seite 68). Während des Zweiten Weltkrieges verbrachte Franz Wittich drei Jahre als Soldat der Deutschen Wehrmacht und später als Kriegsgefangener in der Sowjetunion. Im Jahre 1943 erlitt er während der Kampfhandlungen eine Schußverletzung im Bein. Über seine Zeit in der Sowjetunion (»beim Iwan«) äußerte sich Onkel Franz wiederholt in seinen Stammtischreden. Nach dem Ende des Zweiten Weltkrieges betätigte er sich als Schwarzhändler. Im Jahre 1947 heiratete er seine Freundin Dora. Diese Ehe blieb kinderlos. Onkel Franz arbeitete seit 1948 bei einer Spedition in Herne. Im Jahre 1956 zog er mit seiner Frau nach München um. Dora Wittich starb 1964. Franz Wittich ging 1978 in den Altersruhestand. Vorübergehend lebte er 1987 nach einem Unfall in der Wohnung seiner Nichte Helga Beimer. Seit April 1988 wohnte Onkel Franz in einem Münchner Altersheim. Franz Wittich stand in der Folgezeit in regelmäßiger Verbindung zu seiner Nichte Helga Beimer und ihrer Familie. Im Juni 1989 bezog Franz Wittich im Dachgeschoß des Hauses Lindenstraße 3 eine Wohnung, sein »Sperlingsruh«. Es handelte sich um die frühere Wohnung des im Straßenverkehr tödlich verunglückten Tennislehrers Stefan Nossek. Zu den bemerkenswerten Einrichtungsgegenständen gehörten ein gewaltiger ausgestopfter Wildschweinkopf – das Wildschwein wollte Onkel Franz im Jahre 1969 in der Eifel selbst geschossen haben – und eine aus einem Geweih gefertigte Wohnzimmerlampe. Unter diesem Prachtstück veranstaltete Onkel Franz mit seinen deutschtümelnden Sangesbrüdern zahlreiche Vereinstreffen. Es handelte sich dabei um Hilmar Eggers mit seinem ständigen Begleiter, dem Schäferhund Herrmann dem Zweiten, um August und um Fridjof. Gemeinsam sangen sie deutschnationale Lieder. Franz Wittich richtete in der

»Lindenstraße« hinter der Maske eines Biedermannes mehrmals Unheil an. Am Heiligen Abend des Jahres 1987 schenkte er seinem Großneffen Klaus Beimer ein Luftgewehr. Damit unternahmen Onkel Franz und Klaus in der Beimerschen Wohnung heimlich Schießübungen. Bei einer dieser Schießübungen traf Klaus Beimer am 24. März 1988 mit einer verirrten Kugel den ehemaligen Tennislehrer Stefan Nossek, der mit seiner Freundin Bianca Guther in einem Sportwagen durch die Lindenstraße fuhr, am Kopf. Stefan Nossek

erblindete. Bereits am 9. Juni 1988 wurde er dann in der Lindenstraße von einem Personenkraftwagen überfahren. Stefan Nossek starb noch an der Unfallstelle. Bei der Silvesterfeier 1988 im griechischen Restaurant »Akropolis« fanden einige Gäste Würmer in ihrem Salat. Onkel Franz hatte sie zuvor unbemerkt in den Salat gemischt, um der griechischen Gastwirtsfamilie Sarikakis zu schaden. Einen Monat später setzte er sein ausländerfeindliches Verhalten gegen die Familie Sarikakis fort. Franz Wittich schmuggelte verdorbenen Fisch in den Eisschrank der Küche des Restaurants »Akropolis«. So erreichte er, daß zahlreiche Gäste nach dem Genuß eines griechischen Fischgerichts, das zu einem kostenlosen Solidaritätsessen für die Familie Sarikakis gehörte, erkrankten. Die zuständige Gesundheitsbehörde ließ das Restaurant »Akropolis« schließen. Der beherzten Beate Sarikakis gelang es, Onkel Franz als Missetäter zu überführen. Er hatte am Tatort unter dem Eisschrank eine Plakette seines Wanderstocks verloren. Franz Wittich zeigte sich nicht dazu bereit, seine ausländerfeindliche Einstellung aufzugeben. Er gab weiterhin Kostproben seiner rechtsradikalen Gesinnung. So bezeichnete er bei Rosi Kochs Geburtstag am 18. Oktober 1990 empört Valerie Zenkers Kopfrasur als »Schwachsinn« und forderte lauthals, die Diskussion um eine Vergangenheitsbewältigung zu beenden. Onkel Franz Wittich hetzte gegen Angehörige verschiedener Minderheiten, die in der »Lindenstraße« lebten. Sein Groll richtete sich besonders gegen Ausländer wie die griechische Familie Sarikakis und gegen Homosexuelle wie den angehenden Mediziner Carsten Flöter. Erst im Herbst 1995 gab Franz Wittich seine Wohnung »Sperlingsruh« auf und zog später in ein von Rechtsradikalen unterstütztes Seniorenheim außerhalb Münchens. Seither trat Onkel Franz in der »Lindenstraße« nur noch selten in Erscheinung.

Die vergnügte alte Dame Amelie von der Marwitz zählte ebenfalls zu den Mitläufern. Amelie von der Marwitz wurde am 15. Oktober 1914 in Berlin geboren. Sie freundete sich bereits in ihrer Kindheit mit der Familie Lydia Noltes an. Zeitweise lebten Amelie und Lydia

gemeinsam in einer Wohnung. Anfang des Jahres 1993 zog Amelie in das Haus Lindenstraße 3 ein. Sie mietete die Wohnung des wegen seiner Betäubungsmittelstraftaten inhaftierten Schriftstellers Robert Engel. Amelie von der Marwitz sorgte sich um das Wohl der von ihrer Mutter vernachlässigten Lisa Hoffmeister. Später zeigte sich Amelie aufgeschlossen für Hubert Kochs Vorhaben, auf dem Dach des Hauses Lindenstraße 3 ein Windrad einzurichten. Außerdem unterstützte sie Andy Zenkers Pläne, das erste Elektrotaxi Münchens zu betreiben, und Philipp Sperlings Straßenverkehrsvorhaben. Im August 1994 lernte sie durch ihre Freundin Lydia Nolte den vermögenden und humorvollen Ruheständler Ernst-Hugo von Salen-Priesnitz, der auch im Seniorenheim »Tannenhöhe« lebte, kennen. Amelie lebte mit ihm nach kurzer Zeit zusammen. Sie behauptete stets, alle ihre vier Ehemänner überlebt zu haben. Amelies erster Ehemann Fritz, ein Gutsbesitzer und ausgezeichneter Cellospieler, starb 1940 als Soldat. Ende 1940 heiratete sie erneut. Bei Ernst-August Thelen, ihrem zweiten Ehemann, handelte es sich um einen Fabrikanten aus dem Baltikum. Aus dieser Ehe stammten Amelies drei Kinder Gernot, Egbert und »Mütze« sowie sieben Enkelinnen und Enkel. Amelie vermied es, über ihn zu sprechen. Sie erwähnte nur beiläufig, daß er ein annehmbarer Cellist und ein leidlicher Schütze gewesen sei. Amelies dritter Ehemann, der Apotheker Eduard, verstarb 1965 bei einem Unfall. Im Jahre 1974 heiratete Amelie ihren vierten Ehemann, Hannes, einen Professor für Physik. Hannes starb acht Jahre später an einem Schlaganfall.

Im Frühjahr 1996 unterhielten sich Amelie und Ernst-Hugo über ihre verstorbenen Ehemänner und schauten sich dabei Fotografien an. Eine Fotografie Ernst-August Thelens erhielt Ernst-Hugo von Berta Griese. Er erkannte in ihm fassungslos seinen ehemaligen Kompanieführer wieder. Ernst-Hugo von Salen-Priesnitz diente während des Zweiten Weltkrieges als Soldat in der Wehrmacht. 1942 war er an der Westfront in der Nähe der Stadt Saarbrücken stationiert. Sein Kompanieführer hieß Oberleutnant Ernst-August Thelen. Er war verheiratet und hatte drei Kinder. Nach acht Monaten wurde Ernst-August Thelen als Adjutant in das Konzentrationslager Natzweiler-Struthof versetzt. Er lebte mit seiner Familie in unmittelbarer Nähe des Lagers.

Bei Ernst-August Thelen handelt es sich um einen Täter der nationalsozialistischen Vergangenheit Deutschlands. Ernst-August Thelen wurde am 4. Juli 1906 im Baltikum, dem Staatsgebiet der heutigen Republiken Estland, Lettland und Litauen, geboren. Nach Amelies Angaben sollte er 1944 als Offizier gefallen sein. Ein Jahr später, unmittelbar nach Kriegsende, ließ Amelie ihn für tot erklären. Es läßt sich nicht feststellen, aus welchem Grund 1947 die Scheidung erfolgte. Tatsächlich überlebte Ernst-August Thelen den Zweiten Weltkrieg. Nach der Scheidung der Ehe mit Amelie gelang es ihm, sich mit Erfolg einer Strafverfolgung durch die Gerichte der alliierten Besatzungsmächte und durch die deutschen Justizbehörden zu entziehen. Ernst-August Thelen lebte noch 1996 unbehelligt in einem Seniorenheim bei Würzburg. Das wußte Ernst-Hugo von Salen-Priesnitz, dessen ehemaliger Kriegskamerad in demselben Seniorenheim wohnte. Ernst-Hugo machte das weitere Zusammenleben mit Amelie davon abhängig, daß sie ihre Familie über ihre dunkle Vergangenheit aufklärte. Amelie offenbarte sich nach langem Ringen zuerst ihrer Enkelin Julia, die bei ihr lebte. Am 4. Juli 1996, es war Ernst-August Thelens neunzigster Geburtstag, besuchten Amelie und Julia von der Marwitz ihn im Seniorenheim bei Würzburg. Julia ging es bei diesem Besuch darum, sich mit ihrem Großvater über seine Rolle als früherer Adjutant des Konzentrationslagers Natzweiler-Struthof auseinanderzusetzen. Zu Julias Enttäuschung fand sie Ernst-August Thelen vergreist, geistig verwirrt und nahezu taub im Rollstuhl vor. Ernst-August Thelen erkannte auch Amelie, die er zuletzt vor neunundvierzig Jahren gesehen hatte, nicht wieder. Amelie und Julia fuhren nach kurzer Zeit bedrückt wieder nach Hause. Während der Heimfahrt machte Julia ihrer Großmutter heftige Vorwürfe, weil sie ihr die Rolle ihres Großvaters verschwiegen und damit eine früher mögliche Auseinandersetzung verhindert habe. Ernst-August Thelen, den seine Pflegerin, Schwester Gerlind, als einen stets »netten und liebenswürdigen Menschen« und als einen »guten Freund« bezeichnete, hätte seiner Enkelin Julia von der Marwitz folgendes über das frühere Konzentrationslager Natzweiler-Struthof berichten müssen:

Das nationalsozialistische Konzentrationslager Natzweiler-Struthof befand sich auf französischem Boden in der Nähe des Dorfes Natzweiler (französisch Natzwiller oder Natzviller) in den nördlichen Vogesen (Elsaß) bei den Ortschaften Rothau und Schirmeck. Das Gebiet gehört heute zum französischen Departement Bas-Rhin. Das Dorf Natzweiler liegt etwa fünfundvierzig Kilometer südwestlich von Straßburg entfernt. Über Natzweiler erhebt sich der ungefähr eintausendeinhundert Meter hohe Berggipfel La Roche Louise. Vor Beginn des Zweiten Weltkrieges befand sich dort ein beliebtes Ausflugs- und im Winter auch Skigebiet. Zahlreiche Ausflugstouristen und Skifahrer suchten das damalige Hotel »Le Struthof« auf. Es wurde bereits im neunzehnten Jahrhundert am Abhang des Berges errichtet.

Nach der militärischen Niederlage Frankreichs im Juni 1940 wurde Elsaß-Lothringen wieder in das Deutsche Reich eingegliedert. Elsaß gehörte danach zum Gau Baden und Lothringen zum Gau Westmark. Der spätere deutsche Reichsminister für Rüstung und Kriegsproduktion Albert Speer hielt bei einer Besichtigungsreise im September 1940 den nördlichen Abhang des Berges Louise für geeignet, um dort ein Konzentrationslager zu errichten. Es befanden sich in diesem Gebiet Granitvorkommen. Die Deutsche Erd- und Steinwerke GmbH (DEST), ein Unternehmen der Schutzstaffel (SS), nahm den Hinweis Albert Speers auf und bereitete schon im Herbst 1940 den Abbau des Granits durch Häftlinge vor. Der Granitabbau sollte insbesondere dazu dienen, Albert Speers Pläne, Berlin nach dem siegreichen Ende des Krieges in eine monumentale Hauptstadt eines Großdeutschen Reiches namens Germania zu verwandeln, zu verwirklichen.

Am 21. Mai 1941 trafen die ersten – etwa dreihundert deutschen – männlichen Häftlinge ein. Sie wurden, bis das Barackenlager fertiggestellt war, in dem ehemaligen Hotel »Le Struthof« untergebracht. Der Eigentümer des Hotels hatte zu diesem Zweck zuvor das Haus räumen müssen. Das Konzentrationslager blieb nach dem ehemaligen Hotel in Frankreich unter diesem Namen bekannt.

Die Häftlinge hatten das Lager unter strenger Bewachung und unmenschlichen Arbeitsbedingungen zu errichten. Sie mußten das Baumaterial auf dem Rücken vom Hotel etwa achthundert Meter den Berg hinauftragen. Dort entstand das eigentliche Konzentrationslager. Außerdem mußten sie mit einfachen Arbeitsmitteln eine Straße anlegen. Der Bau dieser Straße kostete bereits zahlreichen Insassen des Lagers das Leben.

Natzweiler-Struthof blieb im Vergleich zu den übrigen nationalsozialistischen Konzentrationslagern mit verhältnismäßig wenigen Häftlingen belegt. Das Stammlager bestand aus siebzehn Baracken. Davon dienten dreizehn Holzbaracken als Unterkünfte für die Häftlinge. Die Zahl der Gefangenen stieg bis zum September 1944 auf ungefähr siebentausend bis achttausend Menschen. Die Gesamtzahl der in den fünfzig Außen- und Nebenlagern inhaftierten Personen betrug im Oktober 1944 ungefähr neunzehntausend Gefangene.

Die Posten der SS beobachteten auf den acht Wachttürmen, die im Umfeld des Lagers standen, bei Tag und Nacht jede Bewegung der Häftlinge im Lagerinnern. Große Scheinwerfer, Posten der SS mit Maschinengewehren auf den Wachttürmen, ein doppelter Stacheldrahtzaun um das gesamte Lager, zwischen den einzelnen Wachttürmen auf- und abgehende Posten mit Schäferhunden machten das Lager »sicher« (vgl. Jürgen Ziegler, Mitten unter uns. Natzweiler-Struthof: Spuren eines Konzentrationslagers, Hamburg 1986, Seite 18).

Am 15. August 1942 kam es zu den ersten regulären Einweisungen des Reichssicherheitshauptamtes (RSHA). Sie betrafen Menschen aus Belgien, Dänemark, Deutschland, Frankreich, Griechenland, Italien, Jugoslawien, Luxemburg, den Niederlanden, Norwegen, der Sowjetunion, Spanien und der Tschechoslowakei. Als Gründe für die Einweisungen in das Lager dienten die politische Arbeit gegen die nationalsozialistische Herrschaft, das sogenannte asoziale Verhalten, das sogenannte arbeitsscheue Verhalten, Straftaten, Homosexualität und die Zugehörigkeit zu Gruppen wie dem Judentum oder den Roma und Sinti, den sogenannten Zigeunern (vgl. Jürgen Ziegler, a.a.O., Seite 18).

Trotz der verhältnismäßig geringen Anzahl der Gefangenen blieb das Konzentrationslager Natzweiler-Struthof wegen grauenhafter Menschenversuche gefürchtet. Eugen Kogon zählt Natzweiler-Struthof neben Auschwitz, Buchenwald, Dachau, Ravensbrück und Sachsenhausen zu den »weltberüchtigten« Konzentrationslagern, in denen die schrecklichsten Versuche an Menschen stattfanden (vgl. Eugen Kogon, Der SS-Staat. Das System der deutschen Konzentrationslager, München 1995, Seiten 66 und 189).

Die Zahl der Opfer des Konzentrationslagers einschließlich der Außen- und Nebenlager betrug insgesamt etwa fünftausend bis sechstausend Menschen. Nach anderen Quellenangaben kamen in diesem Lager sogar zwölftausend Menschen ums Leben.

Der ehemalige Ordinarius für Anatomie an der Reichsuniversität Straßburg, Professor Dr. August Hirt, befaßte sich damals mit »Rasseforschungen«. Er faßte den Entschluß, weil die Nationalsozialisten spätestens seit der Wannsee-Konferenz vom 20. Januar 1942 in Berlin die »jüdische Rasse« in Europa vernichten wollten, rechtzeitig eine Skelettsammlung »jüdisch-bolschewistischer Kommissare« anzulegen.

Heinrich Himmler, Reichsführer der SS und Reichskommissar für die Festigung des Deutschen Volkstums, stimmte diesem Vorhaben zu und beauftragte die ihm unterstehende Organisation »Das Ahnenerbe« damit, dieses Unternehmen durchzuführen. Im August 1943 wurde im Konzentrationslager Natzweiler-Struthof zu diesem Zweck eine etwa zehn Quadratmeter große Gaskammer eingebaut. In der Folgezeit wurden mindestens achtzig, möglicherweise sogar einhundertdreißig – vorwiegend jüdische – Häftlinge aus dem Konzentrationslager Auschwitz nach Natzweiler-Struthof gebracht. Die Häftlinge wurden nach ihrer Ankunft in der dortigen Gaskammer mit Cyanhydratsalzen getötet. Der berüchtigte Lagerkommandant Josef Kramer beteiligte sich persönlich daran. In seinen Vernehmungen beschrieb er später in Einzelheiten, auf welche Weise er das Gift in die Gaskammer eingeführt hatte, um damit seine Opfer zu töten. Kramer gab zu, dabei keine Gewissensbisse empfunden zu haben, weil er den Befehl erhalten habe, diese Häftlinge auf die genannte Weise zu töten. Schließlich sei er zum Gehorsam erzogen worden.

Die Leichen der Häftlinge wurden anschließend in das Anatomische Institut der Reichsuniversität Straßburg überführt, um dort eine jüdische Skelettsammlung anzulegen. Dort wurden sie in Becken mit einer fünfundfünfzigprozentigen Alkohollösung gelegt. Sie blieben ein Jahr lang in den Becken liegen. Dann befahl Hirt, weil sich die alliierten Truppen Straßburg näherten, die Leichen zu zerstückeln und sie dann zu verbrennen (vgl. Eugen Kogon, a.a.O., Seiten 208, 209).

Hirt führte im Konzentrationslager Natzweiler-Struthof auch Versuche mit dem im Ersten Weltkrieg eingesetzten Kampfgas Lost durch. Dieses Kampfgas blieb auch als Senfgas oder Gelbkreuz berüchtigt. Hirt hatte sich bereits seit einiger Zeit mit einem möglichen Schutz vor den Wirkungen des Gases beschäftigt. Er führte im Juli 1942 in einem geheimen Bericht an Heinrich Himmler aus, daß sich der tatsächliche Nutzen der durch ihn während seiner bisherigen Forschungsarbeiten entdeckten Wirkstoffe gegen Lost nur im »direkten Versuche« beweisen ließe (vgl. Alexander Mitscherlich und Fred Mielke (Hrsg.), Medizin ohne Menschlichkeit. Dokumente des Nürnberger Ärzteprozesses, Frankfurt am Main 1995, Seite 216). Daraufhin erteilte Himmler ihm am 13. Juli 1942 einen entsprechenden Forschungsauftrag, in dessen Rahmen derartige Versuche an Gefangenen im Konzentrationslager Natzweiler-Struthof durchgeführt werden sollten. Die erste Versuchsreihe begann im Oktober 1942. Zu diesem Zweck wählte Hirt unter den Häftlingen des Lagers dreißig Versuchspersonen aus.

Im Juli und August 1944 benutzte Professor Dr. Otto Bickenbach, damals Ordinarius an der Reichsuniversität Straßburg, die Gaskammer im Konzentrationslager Natzweiler-Struthof zu medizinischen Versuchen an »minderwertigen« Häftlingen (Sinti und Roma). Diese Versuche dienten dazu, um ein Gegenmittel gegen das Giftgas Phosgen (Kohlenoxydchlorid) zu erproben. Phosgen fand im Ersten Weltkrieg als Kampfgas Anwendung. In der ersten Versuchsreihe behandelte Bickenbach vierundzwanzig Häftlinge mit dem von ihm selbst entwickelten Schutzmittel Hexametylentetramin (Urotropin) und setzte sie dann dem Phosgengas aus. Diesen Versuch überlebten alle Häftlinge. Gleichwohl verlangte Heinrich Himmler, zum sicheren Nachweis der Wirksamkeit dieses Schutzmittels zugleich geschützte und ungeschützte Versuchspersonen »ins Gas zu schicken«.

Schließlich fanden im Lager zwischen Herbst 1943 und Herbst 1944 an Häftlingen, insbesondere an Gefangenen des Volkes der Sinti und Roma, verschiedene medizinische Versuche mit Impfstoffen statt. Diese Versuche schlug Professor Dr. Eugen Haagen, Ordinarius für Hygiene an der Reichsuniversität Straßburg, vor und führte sie später auch durch. Die Opfer stammten vor allem aus dem Konzentrationslager Auschwitz. Sie wurden eigens zu diesem Zweck nach Natzweiler-Struthof gebracht. Haagen infizierte die Häftlinge mit Fleck- und Gelbfiebererregern. Bei den Opfern kam es zu heftigen körperlichen Reaktionen, insbesondere zu hohem Fieber, mit häufig tödlichen Folgen. Es kamen ungefähr ein Drittel der Versuchspersonen an den Folgen der Impfstoffversuche ums Leben (vgl. Wolfgang Kirstein, Das Konzentrationslager als Institution totalen Terrors. Das Beispiel des KL Natzweiler, Freiburger Arbeiten zur Soziologie der Diktatur, Band 2, Pfaffenweiler 1992 (zugleich: Dissertation, Freiburg im Breisgau 1991, Seiten 21, 22).

Das Konzentrationslager Natzweiler-Struthof gehörte zu den wenigen Lagern, in denen sich sogenannte Nacht- und Nebel-Häftlinge befanden. Nach der Anordnung des Chefs des Oberkommandos der Deutschen Wehrmacht, Generalfeldmarschall Wilhelm Keitel, vom 12. Dezember 1941, mußten in den von Deutschland besetzten Gebieten Personen, denen Straftaten gegen das Deutsche Reich vorgeworfen wurden, bei »Nacht und Nebel« nach Deutschland verbracht werden, sofern nicht die Todesstrafe durch ein Kriegsgericht sichergestellt blieb. Diese Anordnung beruhte auf einem Befehl Hitlers. Im Regelfall verurteilten deutsche Sondergerichte die Nacht- und Nebel-Gefangenen. Bei Freispruch oder nach Verbüßung ihrer Freiheitsstrafe erfolgte die Einweisung in ein Konzentrationslager. Aus Gründen der Abschreckung durften die Nacht- und Nebel-Häftlinge keine Verbindung mit ihrer Heimat aufnehmen. Seit Sommer 1943 kamen französische und norwegische, später auch luxemburgische und niederländische Nacht- und Nebel-Häftlinge ins Lager Natzweiler-Struthof. Die Sterberate der Nacht- und Nebel-Häftlinge war aufgrund harter Arbeitsbedingungen und gezielter Mißhandlungen überdurchschnittlich hoch.

Im Jahre 1944 wurden zahlreiche französische Widerstandskämpfer in das Stammlager eingewiesen. Die meisten dieser Personen wurden unmittelbar nach ihrer Ankunft umgebracht. Vier in deutsche Kriegsgefangenschaft geratene Fallschirmspringerinnen des britischen Geheimdienstes tötete der damalige Lagerarzt Dr. Werner Rohde am 6. Juli 1944 durch Phenolinjektionen.

Beim Herannahen der alliierten Streitkräfte wurde das Stammlager im August und September 1944 »evakuiert«. Die Häftlinge wurden auf die Außen- und Nebenlager in Süd- und Südwestdeutschland verteilt. Erst im März 1945 mußten sich die Häftlinge der meisten Außen- und Nebenlager auf verlustreiche Todesmärsche – insbesondere in Richtung auf das Konzentrationslager Dachau – begeben.

In Natzweiler-Struthof gliederte sich das Gesamtgefüge des Lagerbetriebes in verschiedene Aufgabenbereiche. An der Spitze der Organisation des Konzentrationslagers stand der Lagerkommandant. Er übte die zentrale Verfügungsgewalt über die einzelnen Lagerbereiche aus. Seine Stellung läßt sich als eine Art »Geschäftsführer« des Konzentrationslagers bezeichnen (vgl. Wolfgang Kirstein, a.a.O., Seite 46). An der Spitze von Natzweiler-Struthof standen insgesamt fünf verschiedene Kommandanten. Der erste Lagerkommandant hieß Hans Hüttig. Zu Beginn des Jahres 1942 löste ihn Egon Zill für einige Monate ab. An seine Stelle trat im Oktober 1942 der berüchtigte Josef Kramer. Der SS-Hauptsturmführer leitete das Lager bis zum Mai 1944. Danach führte Josef Kramer das Vernichtungslager Auschwitz-Birkenau und ab dem 1. Dezember 1944 das Konzentrationslager Bergen-Belsen. Er mußte sich im Prozeß gegen das Personal des Konzentrationslagers Bergen-Belsen vor einem britischen Militärgericht in Lüneburg verantworten. Am 27. November 1945 wurde Kramer zum Tode verurteilt und am 13. Dezember 1945 in Hameln hingerichtet. Im Mai 1944 übernahm Friedrich Hartjenstein, der vorher in Auschwitz seinen Dienst verrichtet hatte, das Amt des Lagerkommandanten in Natzweiler-Struthof. Der letzte Kommandant dieses Konzentrationslagers hieß Heinrich Schwarz. Er wurde nach Kriegsende zum Tode verurteilt und 1947 in Sandweier hingerichtet.

Dem Lagerkommandanten stand der Adjutant zur Seite. Diesem oblag in lagereigenen Angelegenheiten die Vermittlung und Durchsetzung der durch den Lagerkommandanten gegebenen Befehle. Außerdem übernahm er den amtlichen Schriftverkehr mit den außenstehenden Behörden und den übergeordneten Dienststellen. Der Adjutant vertrat den Lagerkommandanten bei dessen Abwesenheit. Neben diesen beiden herausgehobenen Stellungen gehörte zum Kommandanturbereich noch ein kleiner Stab des Schreibpersonals, dessen unmittelbarer Vorgesetzter der Adjutant war (vgl. Wolfgang Kirstein, a.a.O., Seite 46). Im Jahre 1942 übernahm Ernst-August Thelen das Amt des Adjutanten im Konzentrationslager Natzweiler-Struthof.

Nach dem Ende des Zweiten Weltkrieges fanden verschiedene Strafverfahren gegen das Personal des Konzentrationslagers Natzweiler-Struthof statt. So verhandelte im Mai und Juni 1946 ein britisches Militärgericht wegen im Lager Natzweiler-Struthof begangener Straftaten. Es ging in diesem Strafverfahren um den Mord an den vier Fallschirmspringerinnen des britischen Geheimdienstes am 6. Juli 1944. In diesem Prozeß gegen neun Angeklagte wurde der ehemalige Lagerarzt Dr. Werner Rohde zum Tode verurteilt. Der frühere Lagerkommandant Friedrich Hartjenstein erhielt eine lebenslange Freiheitsstrafe. Am 2. Juli 1954 verurteilte ein französisches Gericht in Metz Friedrich Hartjenstein wegen seiner Verbrechen im Lager Natzweiler-Struthof zum Tode. Das Urteil wurde nicht vollstreckt. Friedrich Hartjenstein starb noch 1954 in französischer Haft.

Außerdem gab es ein Strafverfahren vor einem französischen Besatzungsgericht in Deutschland gegen das Personal verschiedener Außen-

und Nebenkommandos dieses Konzentrationslagers in Baden und Württemberg. Das Strafverfahren endete im Jahre 1947 unter anderem mit zwanzig Todesurteilen.

Vom 17. bis zum 24. Dezember 1954 mußten sich sechs (davon vier in Abwesenheit) ehemals im Konzentrationslager Natzweiler-Struthof tätige Ärzte vor einem französischen Militärgericht in Metz verantworten. Die Staatsanwaltschaft legte den Angeklagten medizinische Versuche an Häftlingen des Lagers zur Last. Ein Angeklagter wurde freigesprochen. Zwei Angeklagte, Professor Dr. Otto Bickenbach und Professor Dr. Eugen Haagen, wurden zu lebenslanger Zwangsarbeit verurteilt. Gegen zwei Angeklagte, darunter Professor Dr. August Hirt, verhängte das Gericht in Abwesenheit die Todesstrafe. Hirt gilt seit dem Ende des Zweiten Weltkrieges als verschollen. Es gibt verschiedene Darstellungen über sein weiteres Schicksal. Nach einer Darstellung soll er sich im Sommer 1945 das Leben genommen haben.

In dem Zeitraum zwischen 1965 und Ende 1969 verhandelten Gerichte der Bundesrepublik Deutschland gegen verschiedene Personen, die in Verdacht standen, an Mordtaten im ehemaligen Konzentrationslager Natzweiler-Struthof beteiligt gewesen zu sein. Diese Strafverfahren endeten mit der Verurteilung einiger Angeklagter zu lebenslangen oder auch zu zeitigen Freiheitsstrafen.

Im Jahre 1971 fand vor dem Landgericht Frankfurt am Main ein Strafverfahren gegen den ehemaligen Angehörigen der Waffen-SS, Dr. Bruno Beger, und einen weiteren Angeklagten statt. Die beiden Angeklagten hatten im Konzentrationslager Auschwitz das »Aussondern« und das »Vermessen anthropologisch wertvoller Menschen« übernommen, um diese Menschen zur weiteren wissenschaftlichen »Verwendung« für die jüdische Schädel- und Skelettsammlung in das Konzentrationslager Natzweiler-Struthof bringen zu lassen. Das Landgericht Frankfurt am Main verurteilte Beger wegen Beihilfe zum gemeinschaftlichen Mord in sechsundachtzig Fällen zu einer Freiheitsstrafe von drei Jahren.

Zu den im Konzentrationslager Natzweiler-Struthof begangenen Straftaten gehörten Mord (§ 211 StGB), Totschlag (§ 212 StGB), Körperverletzung (§§ 223, 223 a, 224, 225, 226 StGB), Freiheitsberaubung (§ 239 StGB), Nötigung (§ 240 StGB), Bedrohung (§ 241 StGB), Diebstahl (§§ 242, 243, 244 StGB), Raub (§§ 249, 250, 251 StGB) und Erpressung (§§ 253, 255 StGB). Ernst-August Thelen hätte sich wegen seiner Tätigkeit als Adjutant des Lagers Natzweiler-Struthof nach dem Ende des Zweiten Weltkrieges strafrechtlich verantworten müssen. Soweit er als Adjutant eigenhändig allein oder gemeinsam mit anderen Angehörigen des Lagerpersonals Straftaten beging, hätte er sich als Täter (vgl. § 25 Absatz 1, 1. Alt. StGB) oder als Mittäter (vgl. § 25 Absatz 2 StGB) schuldig gemacht. Soweit Ernst-August Thelen andere Angehörige des Lagerpersonals zu Straftaten anstiftete oder zu ihren Taten Hilfe leistete, hätte er sich wegen Anstiftung (vgl. § 26 StGB) oder wegen Beihilfe (vgl. § 27 StGB) zu diesen Taten verantworten müssen.

Seit dem 1. Januar 1950 fanden Strafverfahren wegen nationalsozialistischer Verbrechen (im folgenden: NS-Prozesse) grundsätzlich vor deutschen Gerichten statt. Deutsche Gerichte stellten in der Regel fest, daß als Hauptverantwortliche für diese Straftaten Adolf Hitler, Heinrich Himmler, Reinhard Heydrich und andere zwischen 1933 und 1945 am oberen Ende der Befehlskette stehende Personen galten. Bei den in der Befehlskette darunterstehenden Tätern mußten die Strafgerichte darüber entscheiden, ob diese Personen als Mittäter im Sinne des § 25 Absatz 2 StGB der genannten Hauptverantwortlichen oder als deren Tatgehilfen im Sinne des § 27 StGB in Betracht kamen. Nach der Rechtsprechung des Bundesgerichtshofes zu dieser Frage kam es in erster Linie darauf an, daß das Interesse des Handelnden am Taterfolg ausschlaggebend sein sollte. Derjenige, der durch seine Handlung den äußeren Tatbestand des Mordes oder des Totschlages zwar selbst verwirklichte, sich jedoch ohne ein eigenes Interesse am Taterfolg dem Willen eines anderen Menschen vollständig unterordnete, galt nicht als Täter, sondern als Gehilfe. Der Bundesgerichtshof führte in seinem »Staschynskij-Urteil« vom 19. Oktober 1962 zur Frage der Abgrenzung zwischen der Täterschaft und der Beihilfe folgendes aus: »Wer aber politischer Mordhetze willig nachgibt, sein Gewissen zum Schweigen bringt und fremde verbrecherische Ziele zur Grundlage eigener Überzeugung und eigenen Handelns macht, oder wer in seinem Dienst oder Einflußbereich dafür sorgt, daß solche Befehle rückhaltlos vollzogen werden, oder wer dabei anderweitig einverständlichen Eifer zeigt oder solchen staatlichen Mordterror für eigene Zwecke ausnutzt, kann sich deshalb nicht darauf berufen, nur Tatgehilfe seiner Auftraggeber zu sein. Sein Denken und Handeln deckt sich mit demjenigen der eigentlichen Taturheber. Er ist regelmäßig Täter« (vgl. BGHSt 18, Seite 87). Deutsche Gerichte bestraften in den NS-Prozessen wegen dieser Rechtsprechung des Bundesgerichtshofes in zahlreichen Fällen Angeklagte, die zwar durch ihre Handlung den äußeren Tatbestand des Mordes oder des Totschlages verwirklicht hatten, denen jedoch die Gerichte einen eigenen Täterwillen nicht nachweisen konnten, nur wegen Beihilfe zum Mord oder Totschlag. Erst die seit dem 1. Januar 1975 geltende Neufassung des Strafgesetzbuches (StGB) enthält eine im früheren Recht fehlende Begriffsbestimmung des Täters. Danach ist gemäß § 25 Absatz 1, 1. Alt. StGB jeder als Täter zu bestrafen, dessen Handlung – unabhängig davon, ob er sie als Gehilfe oder als Mittäter begehen wollte – den gesetzlichen Tatbestand eines Strafgesetzes erfüllt. Deshalb haben die bundesdeutschen Gerichte nunmehr auch in den NS-Prozessen jeden Angeklagten, der durch sein eigenes Handeln aus Mordlust, aus Habgier, sonst aus niedrigen Beweggründen, heimtückisch, grausam oder unter den übrigen in § 211 Absatz 2 StGB genannten Voraussetzungen einen Menschen tötete, wegen Mordes und nicht nur wegen Beihilfe zum Mord zu bestrafen. Dabei kommt es nicht entscheidend darauf an, ob der Angeklagte mit eigenem Täterwillen handelte oder nur die Tat eines anderen Täters fördern wollte.

Am 1. Dezember 1958 nahm die Zentrale Stelle der Landesjustizverwaltungen zur Aufklärung nationalsozialistischer Verbrechen in Ludwigsburg ihre Tätigkeit auf. Diese Behörde sollte die nationalsozialistischen Verbrechen (im folgenden: NS-Verbrechen) aufklären, für die im Bundesgebiet ein Gerichtsstand des Tatortes nicht gegeben war und die im Zusammenhang mit den Kriegsereignissen, aber außerhalb der eigentlichen Kriegshandlungen, insbesondere bei der Tätigkeit der Einsatzkommandos und in außerhalb des Bundesgebietes gelegenen Konzentrationslagern und sonstigen Lagern begangen wurden. Seit 1965 ist die Zentralstelle auch für die auf dem Gebiet der Bundesrepublik Deutschland begangenen NS-Verbrechen zuständig. Die Zentralstelle ist keine Staatsanwaltschaft, obwohl sie nach staatsanwaltschaftlichen Grundsätzen arbeitet. Bei der Behörde handelt es sich um eine den Staatsanwaltschaften vorgeschaltete Stelle. Die Staatsanwaltschaften müssen die Zentralstelle über abgeschlossene, anhängige oder anhängig werdende Verfahren unterrichten. Die Zentralstelle gibt die durch sie ermittelten Unterlagen zur Weiterverfolgung an die zuständigen Staatsanwaltschaften ab. Die Ludwigsburger Behörde hätte sich mit dem Fall Ernst-August Thelen befassen müssen.

Bis zum 1. Januar 1986 sollen in den Ländern der Bundesrepublik Deutschland 90.921 Verfahren durchgeführt worden sein. 6.479 Verurteilungen stehen 83.140 Verfahrensbeendigungen anderer Art – durch Freispruch, Einstellung, Tod des Beschuldigten und Nichteröffnung der Hauptverhandlung – gegenüber (vgl. Ulrich Eisenhardt, Deutsche Rechtsgeschichte, 2. Auflage, München 1995, § 76, Rn. 692).

Amelie von der Marwitz konnte sich nicht mit Erfolg darauf berufen, daß die im früheren Konzentrationslager Natzweiler-Struthof, beispielsweise durch Ernst-August Thelen, begangenen Straftaten bereits seit »langer Zeit« verjährt seien.

Die Verfolgungsverjährung schließt die gerichtliche Ahndung und die Anordnung gerichtlicher Maßnahmen aus (vgl. § 78 Absatz 1 Satz 1 StGB). Mit Ausnahme des erst im Jahre 1954 in das Strafgesetzbuch (StGB) eingefügten Tatbestandes des Völkermordes gemäß § 220 a StGB, der wegen des Rückwirkungsverbotes (vgl. Artikel 103 Absatz 2 GG und § 1 StGB) auf NS-Verbrechen nicht angewendet werden durfte, unterlagen seinerzeit alle Straftaten nach dem Ablauf einer gewissen Frist der Verfolgungsverjährung. Gemäß § 67 StGB a.F. betrug die Verjährungsfrist bei Verbrechen, die mit lebenslanger Freiheitsstrafe bedroht waren, zwanzig Jahre, bei Verbrechen, die mit mehr als zehn Jahren Freiheitsstrafe bedroht waren, fünfzehn Jahre und bei anderen Verbrechen zehn Jahre.

Regelmäßig beginnt die Verfolgungsverjährung, sobald die Straftat beendet ist (§ 78 a Satz 1 StGB). Straftaten, bei denen es sich um NS-Verbrechen handelte, wurden während der Zeit des Dritten Reiches nicht verfolgt, weil sie dem Willen der damaligen Machthaber entsprachen. Nach § 78 b Absatz 1 Nr. 2 StGB ruht die Verfolgungsverjährung während der Zeit, in der nach dem Gesetz die Strafverfolgung nicht begonnen oder nicht fortgesetzt werden kann. Deshalb ruhte entsprechend dem Rechtsgedanken dieser Vorschrift die Verjährung bis zum Ende des Zweiten Weltkrieges in allen Fällen, in denen der als Gesetz angesehene »Führerwille« einer Strafverfolgung entgegenstand.

In den einzelnen Besatzungszonen Deutschlands traten außerdem besondere Gesetze in Kraft, die das Ruhen der Verfolgungsverjährung bis zum 8. Mai 1945, teilweise aber auch noch einen kurzen Zeitpunkt darüber hinaus bestimmten. In Bayern stellte der Gesetzgeber auf den 9. Mai 1945 als den Zeitpunkt des Beginns der Verjährungsfrist für NS-Verbrechen ab. In der Regel am 8. Mai 1950 verjährten die nationalsozialistischen Straftaten, bei denen es sich um Vergehen handelte. Vergehen sind nach § 12 Absatz 2 StGB rechtswidrige Taten, die im Mindestmaß mit einer Freiheitsstrafe unter einem Jahr oder die mit Geldstrafe bedroht sind. Im Frühjahr 1955, in der Regel am 8. Mai dieses Jahres, verjährten die im Auftrag der Machthaber des Dritten Reiches begangenen Straftaten, bei denen es sich um die mit einer Freiheitsstrafe bis zu einem Höchstmaß von zehn Jahren bedrohten Verbrechen handelte. Verbrechen sind nach § 12 Absatz 1 StGB rechtswidrige Taten, die im Mindestmaß mit Freiheitsstrafe von einem Jahr oder darüber bedroht sind. Grundsätzlich am 8. Mai 1960 stand die Verjährung aller nationalsozialistischen Straftaten, bei denen es sich um Totschlag, Körperverletzung mit Todesfolge, Freiheitsberaubung mit Todesfolge und Raub handelte, bevor. Seit Mitte des Jahres waren alle Straftaten außer Mord, soweit die Verjährung bei den übrigen Straftaten nicht durch richterliche Handlungen unterbrochen worden war, verjährt und ließen sich nicht mehr verfolgen.

Für die als Ergebnis der nationalsozialistischen Gewaltherrschaft begangenen, mit lebenslanger Freiheitsstrafe bedrohten Verbrechen des Mordes sollte die Verjährung nach der damals geltenden gesetzlichen Bestimmung erst am 8. Mai 1969 eintreten. Der Deutsche Bundestag beschloß im Jahre 1969 die Regelung, die Verjährungsfrist für Mord von zwanzig auf dreißig Jahre zu verlängern. Zu Beginn des Jahres 1979 stand der bundesdeutsche Gesetzgeber erneut vor der Frage, ob die nationalsozialistischen Straftaten, die sich als Mord darstellten, verjähren sollten. Der Deutsche Bundestag konnte zu diesem Zeitpunkt noch nicht mit Sicherheit ausschließen, daß weitere im Auftrag der nationalsozialistischen Machthaber begangene Verbrechen des

Mordes aufgedeckt oder weitere Täter ermittelt werden könnten. Deshalb entschloß sich die bundesdeutsche Volksvertretung zu einer Regelung, für die sich zuvor keine parlamentarische Mehrheit ergeben hatte. Der Gesetzgeber erklärte die Verbrechen des Mordes (§ 211 StGB) und des Völkermordes (§ 220 a StGB) für unverjährbar (vgl. § 78 Absatz 2 StGB). Deshalb könnte Ernst-August Thelen wegen der im Konzentrationslager Natzweiler-Struthof begangenen Straftaten noch wegen Mordes (vgl. § 211 StGB), wegen Anstiftung zum Mord (vgl. §§ 211, 26 StGB) und wegen Beihilfe zum Mord (vgl. §§ 211, 27 StGB) bestraft werden. Eine Strafverfolgung dürfte heute an der Verhandlungsunfähigkeit Ernst-August Thelens scheitern.

Unabhängig von einer strafrechtlichen Verjährung der in Natzweiler-Struthof begangenen Verbrechen blieb das Lager bei der französischen Bevölkerung und bei den überlebenden Opfern unvergessen. Die französische Regierung ließ nach dem Zweiten Weltkrieg auf dem Gelände des Konzentrationslagers Natzweiler-Struthof die Gedenkstätte »Camp de Struthof« einrichten. Das Lagertor, die Stacheldrahtumzäunung, die Wachttürme, vier noch erhaltene Baracken, die übrigen Barackenfundamente, der Bunkerblock, das Krematorium und einer der beiden Galgen blieben erhalten. Sie bilden den Mittelpunkt dieses »Monument Historique«.

Während in Frankreich die Überreste des Konzentrationslagers als nationale Gedenkstätte dienen, ist Natzweiler-Struthof in Deutschland nahezu unbekannt. Bisher gibt es keine wissenschaftliche Arbeit in deutscher Sprache über den gesamten Lagerkomplex (vgl. Gudrun Schwarz, Die nationalsozialistischen Lager, Frankfurt am Main 1996, Seite 212). Es blieb der »Lindenstraße« vorbehalten, das Konzentrationslager Natzweiler-Struthof dem deutschsprachigen Fernsehpublikum entweder erst bekanntzumachen oder wieder in Erinnerung zu rufen.

# Literaturverzeichnis

amnesty international, *Jahresbericht 1996*, Frankfurt am Main 1996.

Brühl, Albrecht, *Drogenrecht. Informationen für Betroffene und Helfer*, München 1992.

Dreher, Eduard und Tröndle, Herbert, *Strafgesetzbuch und Nebengesetze. Kommentar*, 47. Auflage, München 1995.

Eisenhardt, Ulrich, *Deutsche Rechtsgeschichte*, 2. Auflage, München 1995.

Kirstein, Wolfgang, *Das Konzentrationslager als Institution totalen Terrors. Das Beispiel des KL Natzweiler*, *Freiburger Arbeiten zur Soziologie der Diktatur*, Band 2, Pfaffenweiler 1992 (zugleich: Dissertation, Freiburg im Breisgau 1991)

Kogon, Eugen, *Der SS-Staat. Das System der deutschen Konzentrationslager*, München 1995.

Körner, Harald Hans, *Betäubungsmittelgesetz. Kommentar*, 3. Auflage, München 1990.

Lotze, Wolfram, *Das amtliche Lindenstraßenbuch*, Frankfurt am Main 1995.

Mergen, Armand, *Die Kriminologie. Eine systematische Darstellung*, 3. Auflage, München 1995.

Mitscherlich, Alexander und Mielke, Fred (Hrsg.), *Medizin ohne Menschlichkeit. Dokumente des Nürnberger Ärzteprozesses*, Frankfurt am Main 1995.

Paetow, Monika (Hrsg.), *Lindenstraße. Das Buch. Geschichten, Bilder, Hintergründe*, Düsseldorf 1989.

Schwarz, Gudrun, *Die nationalsozialistischen Lager*, Frankfurt am Main 1996.

Schwind, Hans-Dieter, *Kriminologie. Eine praxisorientierte Einführung mit Beispielen, Grundlagen Kriminologie. Die Schriftenreihe der »Kriminalität«*, Band 28, Heidelberg 1986.

Ziegler, Jürgen, *Mitten unter uns. Natzweiler-Struthof: Spuren eines Konzentrationslagers*, Hamburg 1986.

# Bildnachweis